「新NISAバブル」に気をつけろ!

「元本割れ確率」を
小さくする投資法を紹介

藤川 太

生活デザイン株式会社

はじめに

この本を手に取っていただいた方には今さら言うまでもありませんが、「新ＮＩＳＡ＝少額投資非課税制度」がネット、ＴＶ、新聞、雑誌などに取り上げられ、大きな盛り上がりを見せています。YouTubeの専門チャンネルなどは「オルカン」「Ｓ＆Ｐ５００」等々の商品名で一色です。

一般のご家庭から家計についてのご相談を請け負っている私たちのもとにも、「新ＮＩＳＡを活用して資産を運用したい」という相談が急増しています。とりわけ、投資経験がない方からの相談が多いのが、これまでにない特徴です。

ただ、ちょっと気がかりな点があります。

それは、新ＮＩＳＡを活用しようとしている人たちが、あまりに無邪気なことです。やれば「儲かる」ものだと思っているフシがあるのです。それどころか、「やらなきゃ損」とまで思い込んで、私たちから見ると冷汗が出るような金額を思い切りよくつぎ込もうとしているのです。

日経平均株価がバブル時の最高値を抜いて一時4万円を超えたのをはじめ、米国もダウ平均株価が最高値を更新……といった、つい最近までの株式市場を見れば無理もないことかもしれません。

しかし、買われた株はいずれ売られると思うべきです。実際に、2024年8月には、日経平均株価が史上最大の下落幅を記録しました。日本の株式市場の売買金額の7割近くを海外投資家が占めています。海外投資家の動向が株価に大きな影響を与えますが、相場環境が悪くなれば、さっさと売り払って逃げてしまうことも多々あります。目先の株式市場が活況であろうと、まったく予断を許しません。

新NISAについてネットや世間で流れている色々な説の中には、間違っているといってもいいものがいくつか見つかります。それを正しいとみんなが誤解してしまうのは問題です。資産運用の本もたくさん出ていますが、残念ながら似たような内容ばかりです。皆が常識と思っていることは検証されることもなく、同じように書かれています。しかし、すでに常識のように語られていることを、「正しくない」といっても説得力はありません。そこは数字でしっかり確認していただきたいと思っています。

そもそも、私たちはお客様から家計設計や資産形成のご相談を請け、プランニングするのが生業です。だから、資産運用についても堅実です。実行する前に、まず計画を立てることを考えます。ところが、多くの人たちは投資、資産運用を行うときに、何を買うか、売るか、その結果儲かったか、損したか、の4つしか考えていません。

資産運用も、家計と同様にしっかりと計画を立ててから実行し、問題があれば改善していくべきです。私たちはそういう考え方を広めていきたいと考えて、仕組みを作るべく努力してきました。

本書では、まず第1章で今の新NISAの異常ともいえるブームとその危うさについてお話しします。第2章では、私たちが開発し活用している資産運用シミュレーターの基本的な見方、私たちが新NISAを利用するときに「元本割れ」に注意すべきだと考える理由と、元本割れ確率を管理する方策について述べます。第3章は新

ＮＩＳＡを使って、あこがれの「億り人」＝資産1億円超になれるのか？　について、頭の体操がてら様々なケースでシミュレーションを行います。そして第4章では、私たちの資産運用シミュレーターをもとに、20代から60代までの各世代や家族構成別に資産運用において注意すべきポイントを解説し、投資モデルプランを提案します。

新ＮＩＳＡは投資をするなら使いたい仕組みですが、必ず儲かるわけではありません。何もわからないままイメージだけで大金を投入するのは非常に危険です。ブームに流されず、計画的に活用しましょう！

※本書の情報は、本文中で特に断りがない限り、２０２４年7月末現在のものです。また、本書は投資する上で参考になる情報の提供を目的に作成しており、本文中のすべての記述は著者の調査結果に基づいていますが、元本や確実なリターンを保証するものではありません。本書を参考にした投資結果について、著者及び本書の発行元は一切の責任を負いません。

目次

第1章 危ない!? 新NISAバブル

第2章 元本割れさせない！ 基本戦略

第3章

試算！ 新NISAで1億円つくれるか？

第4章 世代・ケース別新NISA活用プラン

あとがき

付録

第1章

危ない!?
新NISAバブル

Q

２００８年、
リーマンショック時に
先進国株式は円建てで
約何％下落した？

C
66%

B
33%

A
11%

A

C

66%

リーマンショックとは、2008年9月に米国の大手投資銀行、リーマンブラザーズが経営破綻し、それをきっかけに起きた世界的な金融危機を指します。リーマンショックは前年のサブプライム住宅ローンショックに続いて発生し、世界中の株式市場が大混乱に陥り、先進国株式の円建て価格は直近のピークから見ると3分の1まで暴落しました。その後、米国と欧州の株式市場は5~6年、日本市場は約8年かけて回復しました。

全財産5000万円のうち、4000万円超を投資に

先日、お客様から見せてもらった運用プランの中身が、なかなかインパクトのあるものでした。そのお客様は運用初心者。運用アドバイザーのところに行き、受け取った退職金を含めた金融資産の運用について、プランを提案してもらったそうです。その運用プランに不安を覚え、セカンドオピニオンを求めて私たちのところにたどり着いたそうです。

お客様の全金融資産が約5000万円、そのうち4千数百万円を投資するというプランでした。加入している種々の保険はすべて解約し、解約返戻金も投資するプランです。

自分の財産を株や債券、不動産など、なににどれくらい配分すればよいのか、その比率を決めることを資産配分（アセットアロケーション）といいますが、なぜその配分になったかもわからない提案書でした。もし、私が「何の根拠でこの比率になったの？」と聞いても、提案者は恐らく答えられなかったと思います。

証券外務員などの運用の専門家への報酬は、多くの場合「売買手数料」「信託報酬」がメインです。最近は回転売買（金融商品を頻繁に売買すること）による売買手数料稼ぎに対する批判も高まり、運用残高の1％という形で報酬を支払う「残高報酬」をメインとする専門家も増えてきました。残高報酬であれば回転売買で手数料を多くしようという動機もありません。資産運用残高が増えるほど報酬が増える仕組みは、お客様とメリットが一致し利益相反が起こりにくいと注目されています。

とはいえ、どちらの仕組みであっても運用する金額が多いほど専門家への報酬は増えます。そのため、運用額を増やしお客様に過剰なリスクを取らせてしまいがちです。報酬を増やすために、お客様が耐えられないレベルのリスクを負わせてしまう。**よりよいとされる残高報酬であっても利益相反は起こる**のです。

木は天まで届かず

投資や資産運用というものに他の国ほど馴染みがなかった日本の人たちに、政府や金融業界が過去20年、30年と掲げ続けてきた「貯蓄から投資へ」というスローガンはなかなか浸透しませんでした。しかし目下のところ、新NISAをきっかけに、堅い岩盤のようだったそのマインドが大きく変わりつつあると感じます。

個人的には、これはよいことだと考えています。日本人は世代を問わず将来への不安を抱えています。人生100年時代といわれる中、少しでも将来への不安を解消するためにも、**自分の資産を自らリスクを取って運用していくことは、今後の生活の中で必要なスキル**の一つとなっていくでしょう。

しかし、当たり前の話ですが、**資産運用は儲かることもあれば損もします。**新NISAバブルといってもいい現在の状況に盲目的に乗っかって、何も知らず、学ばぬまま大金をつぎ込むのは、無謀です。

「木は天まで届かず」「強気も弱気も儲けられるが、欲張りだけでは儲からない」など、株式市場には強気すぎる投資行動を戒める格言が少なくありません。過去にそれだけ多くの人たちが痛い目にあっている証拠です。**市場が好調なときほど、どのように振舞うのか気をつけなければなりません。**

バブル経済の崩壊までさかのぼらなくても、リーマンショックが起きた2008年から、すでに16年も経っています。当時の経験も記憶もない人が増えていることも原因でしょうが、**無邪気にリスクを取りすぎる人が増えました。**私たちのもとにアドバイスを求めて来られる方にも、そうした人が増えたと感じています。

アベノミクスが始まった2013年以降の、右肩上がりの相場の経験しかない投資家であれば、強気一辺倒になるのは仕方がないかもしれません。しかし、運用のアドバイスを行うプロまでそうなっては困ります。

資産運用は、車の運転に似ている

資産運用は、自動車や自転車の運転と似ている点が多くあります。儲けようとするのはアクセルを踏むのと似ています。自動車教習所では、アクセルの踏み方を教えることはあまりありません。なぜなら、アクセルは本能的に踏むものだからです。もちろん、踏むのが怖いという人もいますけれども。

それに対して、教習所でしっかり教えられ、訓練されるのはブレーキの踏み方のほう。安全運転のためには、アクセルよりもブレーキの踏み方のほうがずっと重要だからです。自動車事故を回避するためには強くブレーキを踏む必要がありますが、これはなかなか難しいものです。何度もやり直しをさせられた方も多いでしょう。

それに、**いくら自分が安全運転を心がけていても、事故は起こります。**自力ではどうにもならないときもあります。そのため、事故が起きたときに搭乗者の命を守るためのシートベルト等々の備えも欠かせません。エアバッグやアンチロック・ブレーキシステム、自動ブレーキなどの安全装備は今や当たり前になってきています。私たちが安全に楽しく自動車を運転し、自由に移動することができるのはそのおかげです。

では、資産運用の世界はどうでしょうか?——この世界には、自動車の運転のように教習所で訓練を重ね、身に付いたら免許を取得する、という仕組みがありません。まったくの未経験者が、いきなり自分の財産をつぎ込んで運用を始めることができます。この現状は、自動車教習所に行ったことのない**無免許の人が、街中でビュンビュ**

ンスピードを出して走り回る状況と同じです。

株の場合、だいたい3～4年に1回はマイナスで、それ以外はプラスという動きを繰り返しています。さらに10年に1度程度コロナショック（2020年）やリーマンショック（2008年）、エンロン・ワールドコムショック（2001～2002年）、アジア通貨危機（1997年）といった世界中を巻き込む経済ショックによる暴落が起こるのも、この世界の法則のようなものです。これからの数十年という人生のどこかで、何度も出くわすものと心得えておくべきでしょう。

自動車の運転と同様、資産運用でも事故を完全に避けるのは難しいですが、できる限り大きな事故を避けたり、被害を最小限にとどめたりするためにも、訓練や勉強は必ず行うべきです。後で触れますが、**「分散投資」という技術を身に付けることが一つ**です。

付け加えると、事故が起きたとしても命や身体を守る装備も着けておきましょう。こちらは同様に過剰に投資しないよう**「資金管理」をすることで、大切なお金やあな**

たの心をある程度守ることができます。

「お金を増やす」より「幸せになる」のが大事

お金は、ただ大きく増やせばいいものではありません。お金はあなたのライフプランを実現するための道具です。ですから、**「将来使うために」運用することを意識**しましょう。増やすこと自体を目的にすると過剰にリスクを取りがちになります。

私たちにとって大切なのは、幸せな人生を送ることです。そのためには、残念ながらお金が必要で、少なくないお金を準備する必要があります。豊かな人生を実現するために、**限りあるお金を少しでも効率的に活用しようと知恵を絞る必要がある**のです。資産運用で大事なのは、単にどの金融商品を買えばいいのか、というのではなく、自分はいつまでに、いくらくらい準備する必要があるのか、そのためにはいくら投資して、どういう運用をすべきなのかを考える必要があります。

経済的に豊かな人であれば、完全な余裕資金だけ運用していれば済むかもしれません。しかし普通の人にとっては、将来何らかの目的で必要となるお金をつくるために運用するわけです。長い期間運用しようと思っていても、予定外のイベントが発生し、途中で取り崩さなければならないかもしれません。お金を実際に使うときが来れば、その時点で運用を終えなければなりません。

ですから、ある程度は**「いつ」「何のために」「いくら」必要かを、運用を始める前に把握**しておけば、運用できる期間の長さがわかります。それによって取れるリスクの大きさも変わってくるし、将来お金を使う目的によって運用の仕方が変わるかもしれません。使い道や使う時期、金額の大きさもあいまいなまま、闇雲に「金額を大きくしていく」だけでは、お金が本当に必要になったときに、お金が足りずにやりたいことが実現できない、ということになりかねません。

私たちはお客様のライフプラン実現を目指した、包括的なアドバイスを仕事としてきました。家計の改善のために生命保険や住宅ローンを見直すのであれば、比較的簡単に効果測定ができ、これまでもたくさんの効果を出してきました。最も難しいのが資産運用です。資産運用に伴う「リスク」が家計に及ぼす影響を表現することがとても難しかったからです。

今は資産運用におけるリスクを可視化するため開発した**「資産運用シミュレーター」をお客様の資産運用のご相談の際に活用**しています。本書に掲載している数々のシミュレーションは、このシステムに諸条件を入力して計算したものです。有料の資産運用アドバイスで提供するのが主ですが、無料版のシステムも私たちのHPで公開しており、現在こちらは約3000人の方にご活用いただいています。

無料版の「ふくろう倶楽部」では、リターンをできるだけ確保しながらリスクを軽減するための相場のトレンド判定や、相場状態に合わせたポートフォリオ例をロボット・アドバイザーの「ふくろう君」が教えてくれます。また、機能は限定されますが「運用計画」のページでは、本書で活用している資産運用シミュレーターも利用できますので、活用してみてください。

ふくろう倶楽部　https://club.mfukurow.com/

新ＮＩＳＡ制度を５分でおさらい

ここで改めて、新ＮＩＳＡの基礎知識を整理しておきましょう。

ＮＩＳＡ（Nippon Individual Savings Account）とは、「少額投資非課税制度」のことです。２０２４年に旧ＮＩＳＡの制度が刷新されて、より使いやすく、よい制度になりました。この新しくなった制度が新ＮＩＳＡと呼ばれています。

最も大きなメリットは、いうまでもなく、この制度を活用して得られる**売却益や配当が非課税**であること。例えば１００万円を投資した結果、２００万円に増えたとしましょう。通常の課税口座で投資した場合、２００万円から元本１００万円を引いた残り１００万円の利益に対して約20％の約20万円税金がかかります。手元に残る分は約１８０万円となります。

ところが、新ＮＩＳＡを活用して同様に１００万円投資して２００万円となった場合、税金はかかりませんから、丸々２００万円が手元に残ります（図１−１）。ここが一

図1-1：NISAのメリットは何といっても非課税

例）100万円を投資して売却したら200万円に増えた！

①普通に投資した場合

利益100万円に対し約20%の税金がかかる
手取り額は約180万円（税金約20万円）

約20万円の差

②NISAを活用して投資した場合

利益100万円は非課税
手取り額は200万円（税金0円）

NISA制度を活用して投資すれば
売却益や配当金が非課税になる
お得な制度

番わかりやすいポイントでしょう。

ここで注意したいのは損をした場合です。新ＮＩＳＡで投資して損をすることもあります。当たり前ですが、１００％儲かる投資は存在しません。ＮＩＳＡ制度では、利益が出てもそれはなかったものと見なされるため、税金がかかりません。半面、**損失が出ても、そちらもなかったものと見なされます。**そのため、通常の課税口座での投資では認められている損益通算（同一年分の利益と損失を相殺すること）や損失の繰り越し控除（損益通算してもマイナスになった場合、確定申告を行うことで翌年以降最長3年間損失を繰り越して控除すること）といった仕組みを使うことはできません。要は、**儲からなければメリットのない制度**というわけです（図1－2）。これは実は重要なポイントですので、覚えておきましょう。

新ＮＩＳＡ制度のポイントをまとめるとP．30の図1－3の通りです。旧制度の一般ＮＩＳＡが成長投資枠となり**年間投資枠が２４０万円**に、つみたてＮＩＳＡはつみたて投資枠となり**年間投資枠が１２０万円**に、それぞれ大幅拡大されました。しかも、それぞれの枠の併用ができるようになったことで、**年間投資枠が計３６０万円まで**

図1-2：NISAのメリットはデメリットと表裏一体

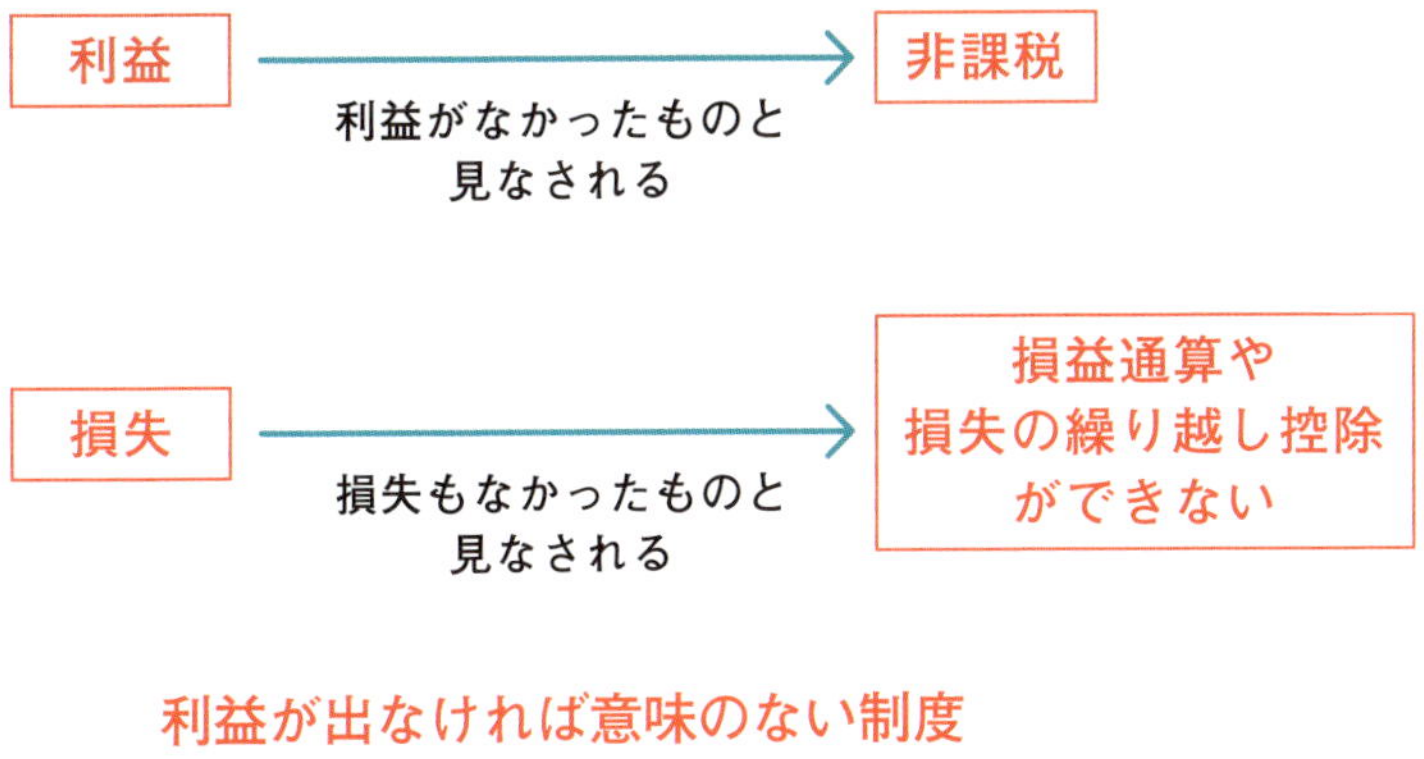

図1-3：新NISA制度のおさらい

	積立投資のみ	積立投資　一括投資 どちらも可
	つみたて投資枠	成長投資枠
	併用可	
年間 投資枠	120万円	240万円
非課税 保有期間	無期限	無期限
非課税 保有限度額 （総枠）	1,800万円	
		1,200万円（内数）
口座 開設期間	恒久化	恒久化
投資対象 商品	長期の積立・分散投資に適した 一定の投資信託	上場株式・投資信託等 （①整理・監理銘柄②信託期間20年未満、 毎月分配型の投資信託及びデリバティブ 取引を用いた一定の投資信託等を除外）
対象年齢	18歳以上	18歳以上
旧制度 との関係	2023年末までに一般NISA及び つみたてNISA制度において投資した商品は、 新しい制度の外枠で、旧制度における非課税措置を適用。 ※旧制度から新しい制度へのロールオーバーは不可。	

金融庁HPより一部改変して作成

使えるようになりました。また、**非課税保有限度額が1800万円**（成長投資枠だけ利用する場合は1200万円）となり、ほとんどの人が資産形成するにあたり十分な規模の制度になりました。

この1800万円の非課税保有限度額は、**金融商品を買ったときの金額（簿価）で管理される**簿価残高方式が採られています。例えば、100万円で購入した金融商品が120万円に値上がりして売却しても、80万円に値下がりして売却しても、翌年には買ったときの金額の100万円分の枠が復活する仕組みです。おかげで繰り返し非課税での投資ができ、ライフプランに合わせて活用しやすくなりました。そして、非課税保有期間が無期限化され、制度も恒久化されたので、**期間を気にせず長期投資できるようになりました**（次ページの図1−4）。

「オルカン」「S&P500」とは

「オルカン」「S&P500」は、新NISAをまだ始めていない方でも知っているくらい、有名になりました。**オルカンとは、全世界株式（オール・カントリー）の略称**で、

図1-4：ライフプランに活用しやすい制度に

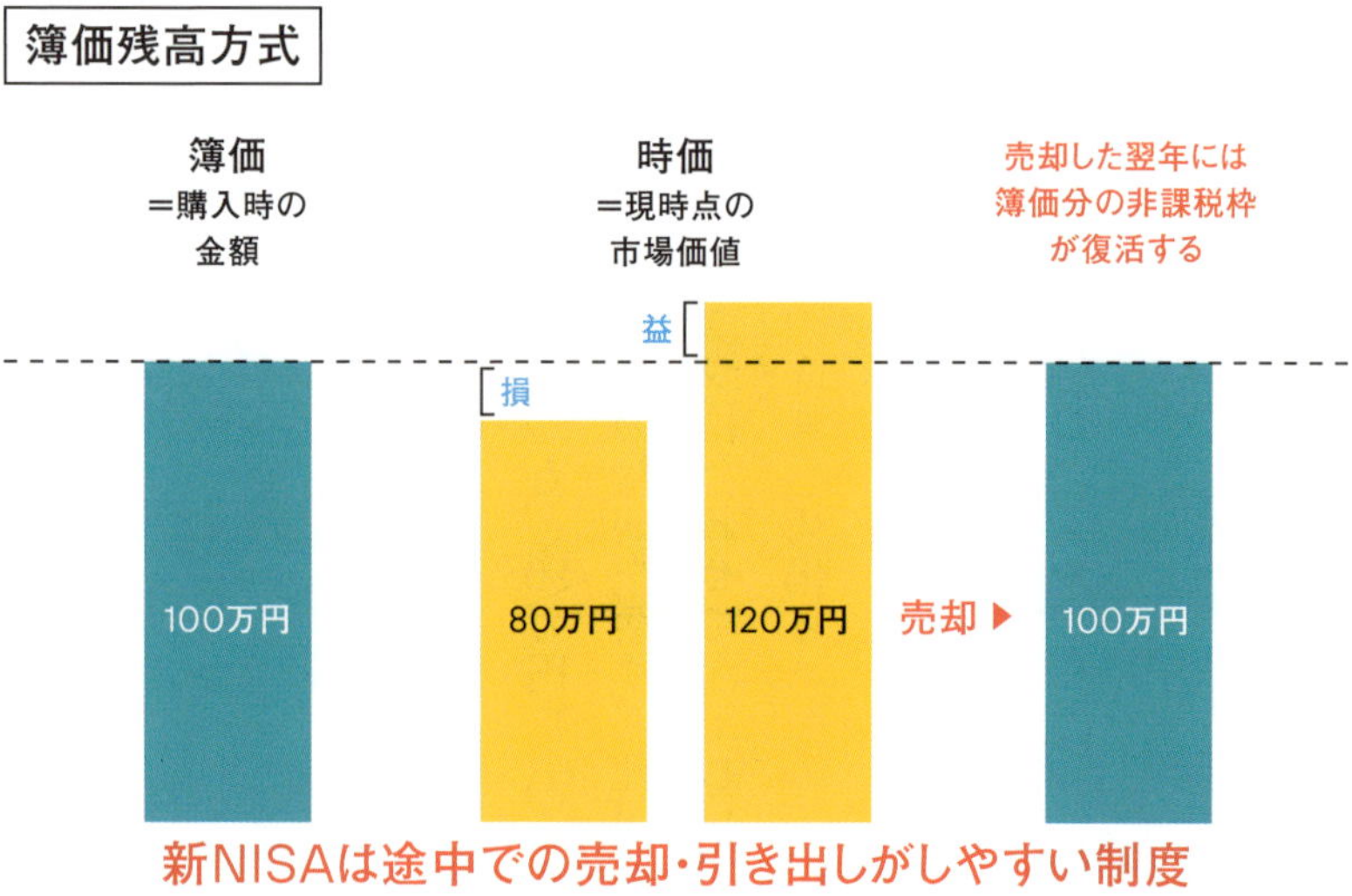

その名の通り全世界の株式市場の動きに連動する投資信託（ファンド）のことを指します。S&P500は、米国を代表する企業500社の株式で構成される株価指数S&P500（日本でいえば日経平均株価やTOPIXのようなもの）のことですが、ここでは**S&P500に連動するように運用される投資信託（ファンド）のこと**を指しています。

今、人気がある投資信託は、もっぱら外国株式ファンドばかり。もちろん、日本株に投資するファンドも人気ですが、圧倒的に人気があるのは外国株式です。中でも全世界株式（オルカン）やS&P500に投資するインデックスファンドが突出して人気があります。

外国株に傾いているのは、私はいいことだと思っています。私たちの給料もマイホームも預貯金も日本に偏っています。リスク分散という意味では、**投資するお金くらいは海外に振り向ける意識は持ったほうがいい**。もちろん、日本にも投資してほしいと思っていますが。

以前は、人口が減っていく日本では大幅な経済成長が望めないと思っていながら、日本株への投資一辺倒の人が多くいました。その理由は、日本の企業がわかりやすいからというのが一番でしょう。**長期投資の利益の源泉は、経済成長**です。経済成長を起こす主な要素は、労働力・資本ストック・技術革新の3つですが、そのどれを取っても、海外には日本よりも条件のよさそうな国があります。

昨今の世の中は、積立投資ブームといってもいい状況。「積立にしておけば安心」という空気です。多くの人がそう思っているし、「オルカンが一番」とも思っています。**多くの人が一つのことに偏っているときには注意が必要**です。この空気には問題があると思っています。

図1-5のように新NISAでは数多くの種類の商品に投資することができます。**つみたて投資枠では、金融庁の定めた基準をクリアしている商品にしか投資できません。**長期の積立・分散投資に適した一定の投資信託やETF（上場投資信託）だけが投資対象です。それでもインデックスファンド239種類、アクティブファンド49種類、ETF8種類の計296種類の商品に投資できます（2024年7月19日現在）。

成長投資枠ではもっと多様な商品に投資できます。投資信託は1938種類、

図1-5：新NISAで運用できる投資商品

成長投資枠
上場株式・投資信託・国内ETF・国内REIT・外国株式・海外ETF等（①整理・監理銘柄、②信託期間20年未満、毎月分配型の投資信託及びデリバティブ取引を用いた一定の投資信託等を除外）

つみたて投資枠
長期の積立・分散投資に適した一定の投資信託・ETF（金融庁の基準を満たした投資信託に限定）

ＥＴＦが３１７種類（２０２４年7月19日現在）。これだけでも多いですが、加えて国内の上場株式、海外株式、海外ＥＴＦ、国内外の不動産投資信託（ＲＥＩＴ）などにも投資することができます。

「インデックスで分散投資」の盲点

ここで、インデックスファンドとアクティブファンドという投資信託の大分類についてご説明しておきましょう。**インデックスファンドとは、特定の指数（日経平均、NYダウなど）に連動するように運用されている投資信託**のこと。市場平均並みの成果が期待できます。対する**アクティブファンドとは、その指数を上回る成果を目指して運用される投資信託**のことです。

一般的に、アクティブファンドは投資する企業や銘柄を選別するために、調査・分析などにコストがかかるため、**インデックスファンドよりコストがかかります。**得られるリターンは将来のことなので不透明ですが、コストの低さでは確実にアクティブファンドより、インデックスファンドのほうに軍配が上がります。そのため、「インデックスのほうがよい」と考える人が多くなっています。

アベノミクス以来のような右肩上がりの相場が続くなら、インデックスファンドとアクティブファンドで運用面の差が出にくいので、このコスト差が効きやすくなります。むしろ、**経済ショックが発生するなどして相場が混乱するときこそ、アクティブファンドが運用面で差を出しやすい**ときです。

例えば2000年代前半、あるアクティブファンドは、日経平均株価が大きく下げた局面で、破綻しにくい財閥系の銘柄を買い集めていたことで名を馳せました。アクティブファンドでなければできない投資手法です。アクティブファンドの大半は、インデックスファンドに負けているという現実もありますが、これから相場が荒れる時期が来れば、運用力のあるアクティブファンドが大きくクローズアップされることになるでしょう。特に、日本のように高い成長が期待しにくい市場に投資するならば、よい企業を選別できるアクティブファンドに期待したいところです。

この章のまとめ

- 新NISA人気に流されて、無邪気に大きなリスクを取らない

- 資産運用は車の運転に似て、アクセルよりブレーキの踏み方が大切

- 投資を始める前に「いつ」「何のために」「いくら」必要かを把握しておく

第2章

元本割れさせない！
基本戦略

Q

元本割れリスクが高いのはどちら？

A ドーンと一括投資

B 毎月コツコツ分割投資

A

B 毎月コツコツ分割投資

「コツコツ、少しずつ」は堅実で、「一度に、ドーンと」は危ない、と考えがちですが、実は逆。一括投資では投資するお金の全額について運用期間をフル活用できます。一方で、毎月コツコツ分割投資する場合、最初に投資したお金だけは運用期間をフル活用できますが、次回以降の分は徐々に運用期間が短くなります。運用期間は長いほど元本割れ確率は低くなりますから、分割投資のほうが元本割れのリスクが高くなるのです。

「買った、売った、儲けた、損した」だけではダメ

かつて『サラリーマンは2度破産する』（2006年、朝日新書）という本で、子どものいるサラリーマン家庭の家計では子どもの教育費の負担増、老後資金の不足という、人生で2度の大きなやりくりの危機がやってくる、とご紹介しました。実際にそうした問題が予想される家計を数多く見直ししてきたからです。やりくりの危機を回避するためには、まずは**①収支を管理し収入の範囲内で生活する。**それができれば、**②家計の構造を改善しお金が貯まりやすい仕組みを作る。**その上で**③運用によってお金に働いてもらい資産を増やす。**これが家計改善、そして資産形成するための基本ステップです（次ページの図2-1）。

家計収支の管理・改善に有用なのが、ＰＤＣＡサイクルです。ＰＤＣＡサイクルとは、ビジネスで日々行っている業務を継続的に改善するためのサイクルのことで、Plan（計画する）→Do（実行する）→Check（確認）→Act（改善する）というサイクルを回します。

図2-1：資産形成の基本戦略

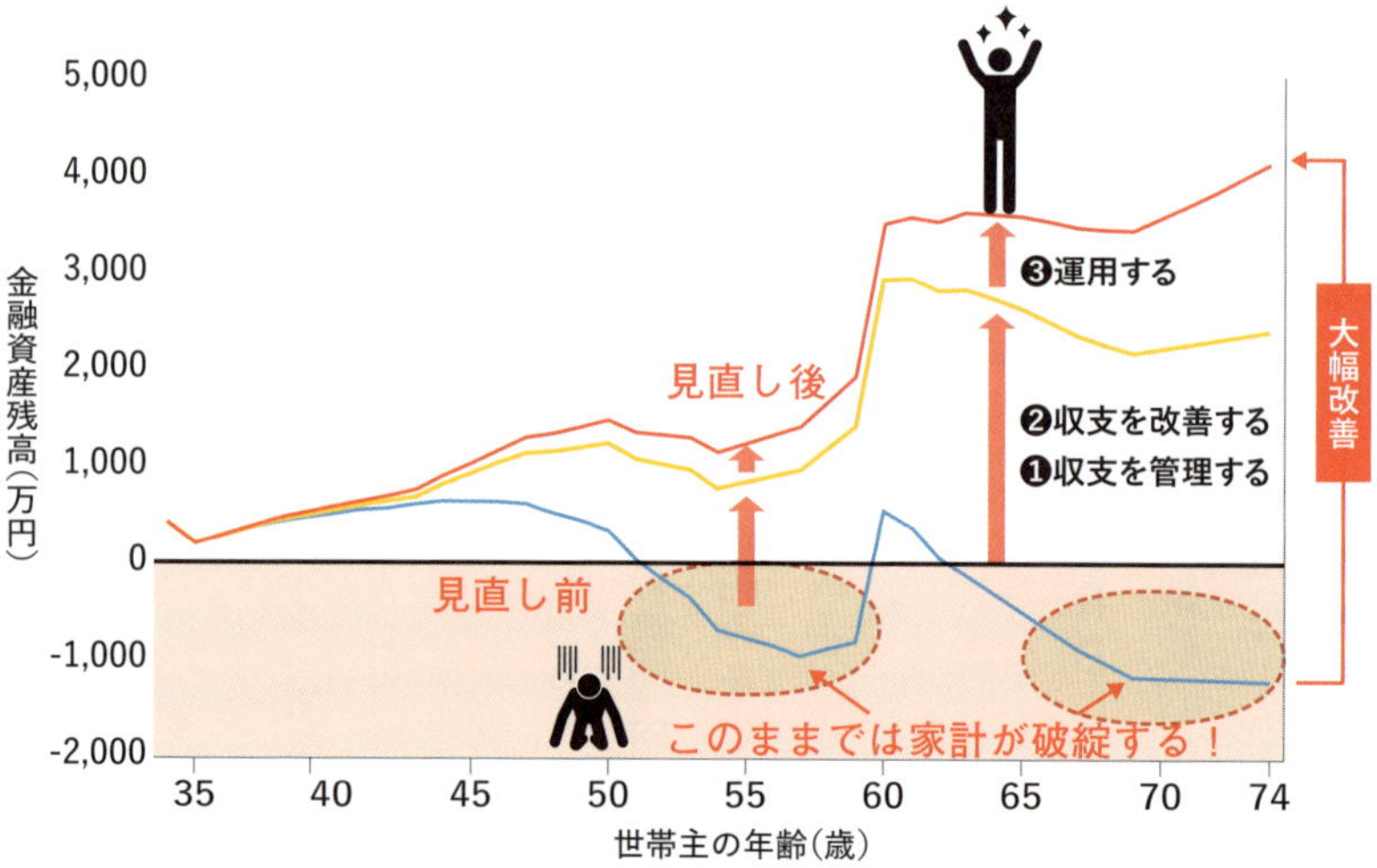

将来の金融資産残高の推移シミュレーション

私たちはお客様の家計を見直す際も、このサイクルを当てはめます。例えば、将来の家計の推移をシミュレーションした上でライフプランを実現するための長期的な計画を立てます。そこから、1年の収支のバランスを実現するための予算を立てることができます（Plan）。そして、実際に生活をしながら家計簿をつけてデータを収集します（Do）。収集したデータを分析し予算と比較して実績を確認します（Check）。そして、問題点が見つかれば改善する（Act）——という具合にPDCAサイクルを回すアドバイスをしています（次ページの図2-2）。

同様に、多くの人が「買った、売った、儲けた、損した」の4つくらいしか念頭に置かず、**感情に支配されがちな資産運用でも、PDCAサイクルを回せないのでしょうか。**事前に計画を立てて、運用を実行して、計画と実績を比較して分析し、問題点があれば改善していく……という流れを作っていければ**理性的に資産運用ができるはずで、成果も出やすくなるはず**です。私たちはワクワクやドキドキがほしいのではなく、成果がほしいのです。

図2-2：家計管理ではPDCAサイクルを回しているが…

家計管理のPDCAサイクル

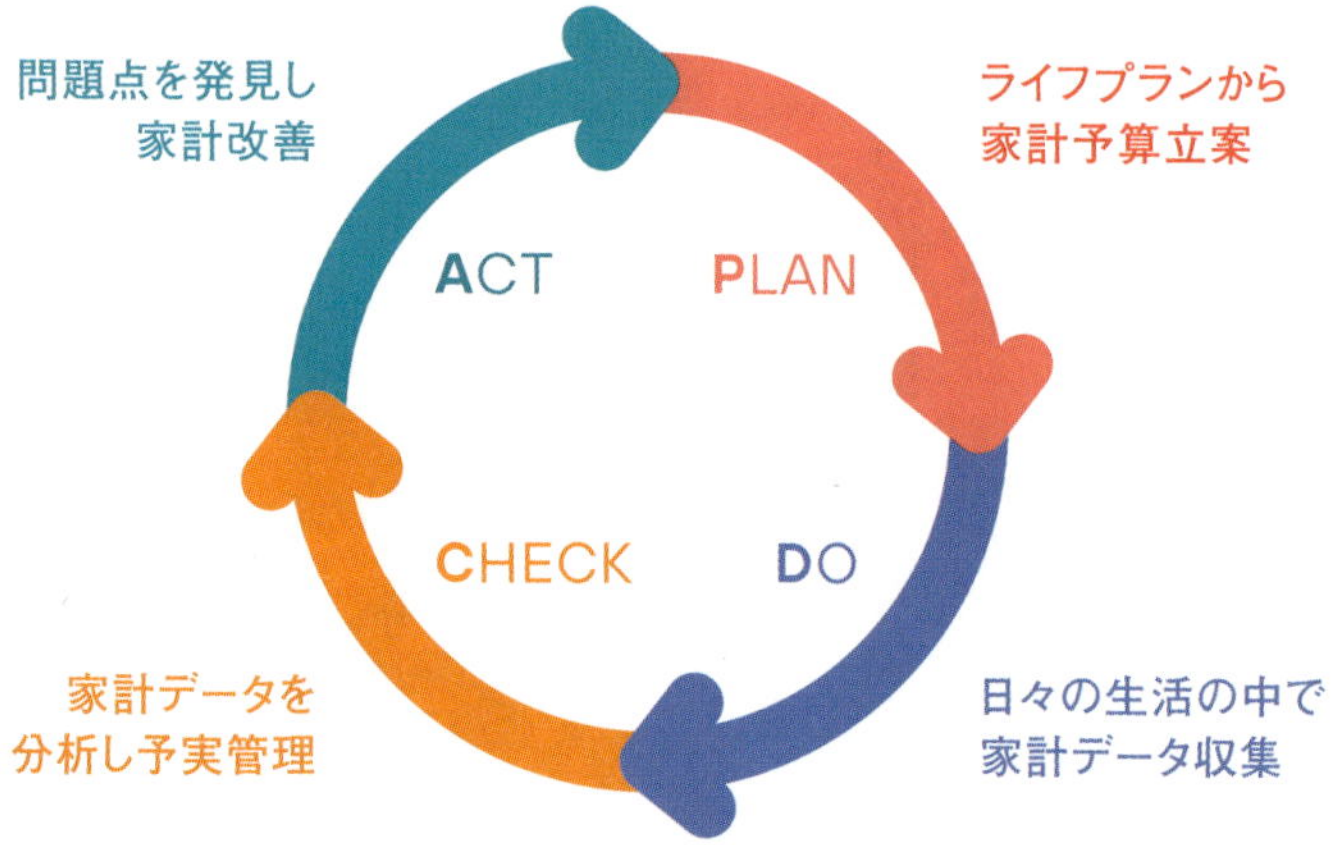

ライフプランの実現を目指しPDCAサイクルを回し続ける

一方、運用の世界では…

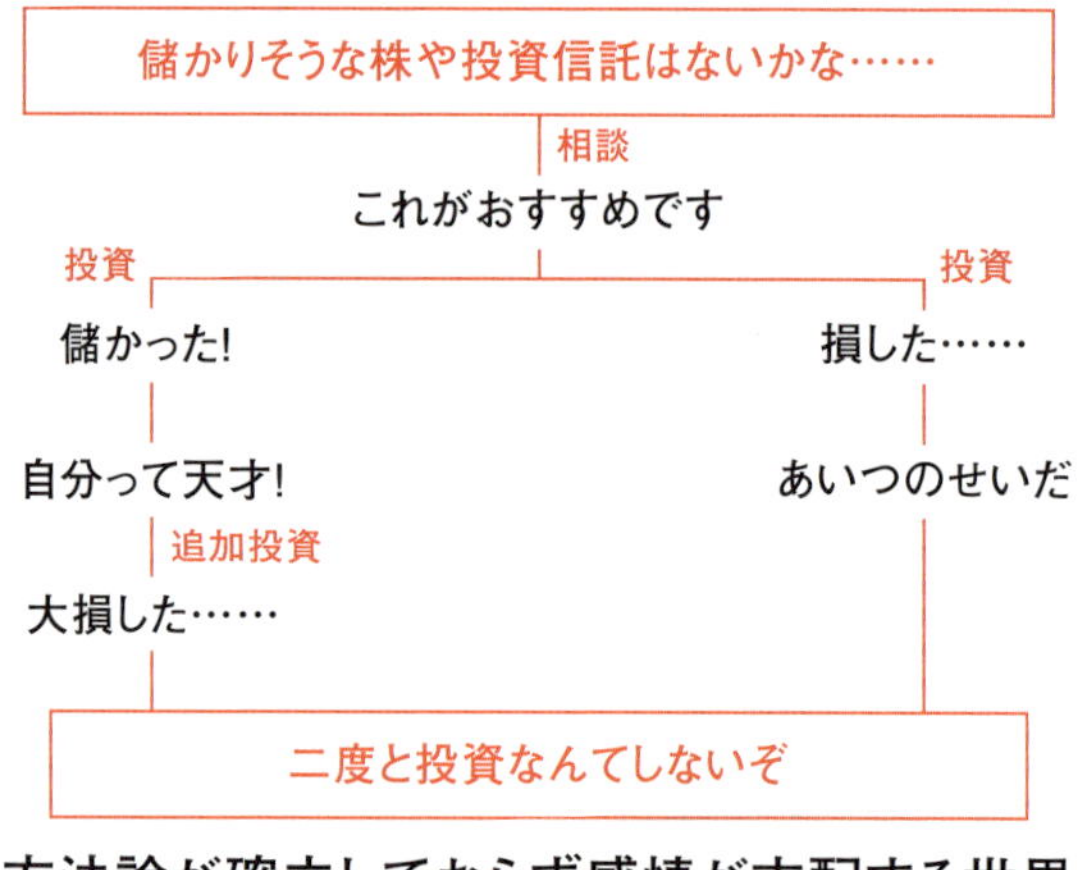

方法論が確立しておらず感情が支配する世界

よく見かけるこのグラフは危険！

資産運用というと、次ページの図2-3のようなグラフを見たことがないでしょうか。資産運用に関する雑誌や書籍には、よくこういう曲線が描かれているはずです。

この曲線のように順調に資産が増えていくのなら、資産運用をやらない手はありません。でも、実際にはこんなにうまくはいきません。それを本能的に感じ取っているから、多くの方は運用に踏み切ることができません。資産運用がなぜわかりにくくて、怖いのか。それは、リスクがあるからです。そして、このグラフにはリスクという概念がまったく表現されていないのです。

リスクには損をする、値下がりをする、元本割れする、儲からない、インフレに負けてしまう、使いたいときに使えない、将来の値段がわからない、値動きが大きい等々、様々な定義があり、人によって感じ方も違います。ただ、資産運用においては**「ある一定期間（例えば1年間など）の収益率のブレ幅」のことをリスクと定義**します。見込ま

図2-3:リスクがまったく描かれていない資産形成のシミュレーション

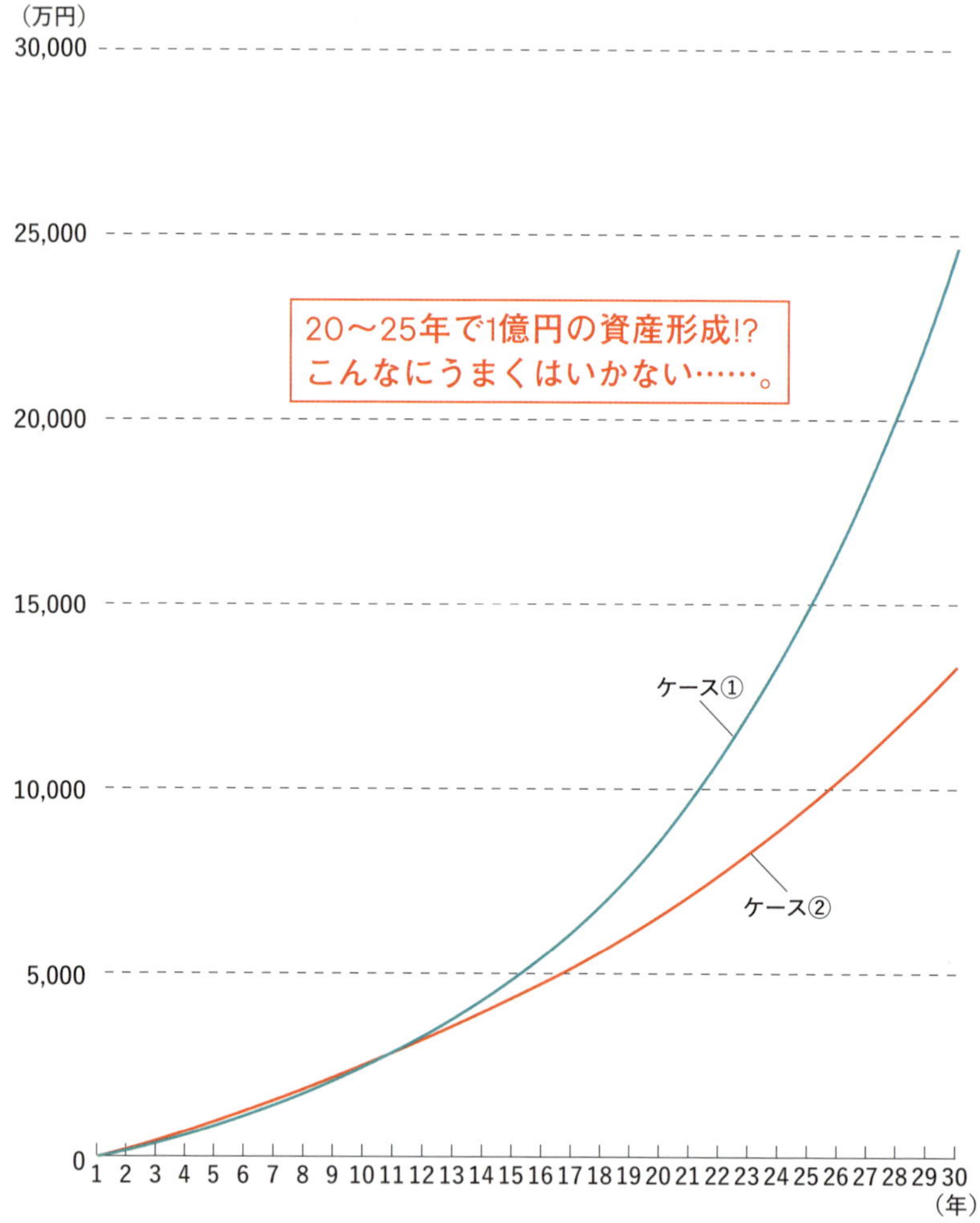

①年収500万円、貯蓄率30%、運用率10%の場合
②年収800万円、貯蓄率25%、運用率5%の場合

れる収益率の振れ幅が大きければリスクが大きい、振れ幅が小さければリスクも小さい、ということです。

資産運用において恐ろしいのは、これまでに**10年程度に一度、不規則に襲ってきている経済ショック**です。次ページの図2-4は、2001年以降に投資された資産価格の値動きと、その価値の直近の最高値からの下落率（ドローダウン）のチャートです（先進国株式ファンドのみに投資した場合と、先進国株式ファンド・国内株式ファンド・先進国債券ファンド・国内債券ファンドの4つに25％ずつ分散投資した場合の2種類）。

2007年のサブプライム住宅ローンショック、その後に続いた2008年のリーマンショック時では、それぞれ価格が大きく下がっていることがわかります。中でも先進国株式ファンドのドローダウンは、何と66％と**直近の最高値から3分1にまで下落**したことがわかります。それが下落前の最高値の水準に戻ったのは2014年6月ですから7年弱もかかっています。**こうした大規模な経済ショックを事前に予測し、かわすことは困難**です。

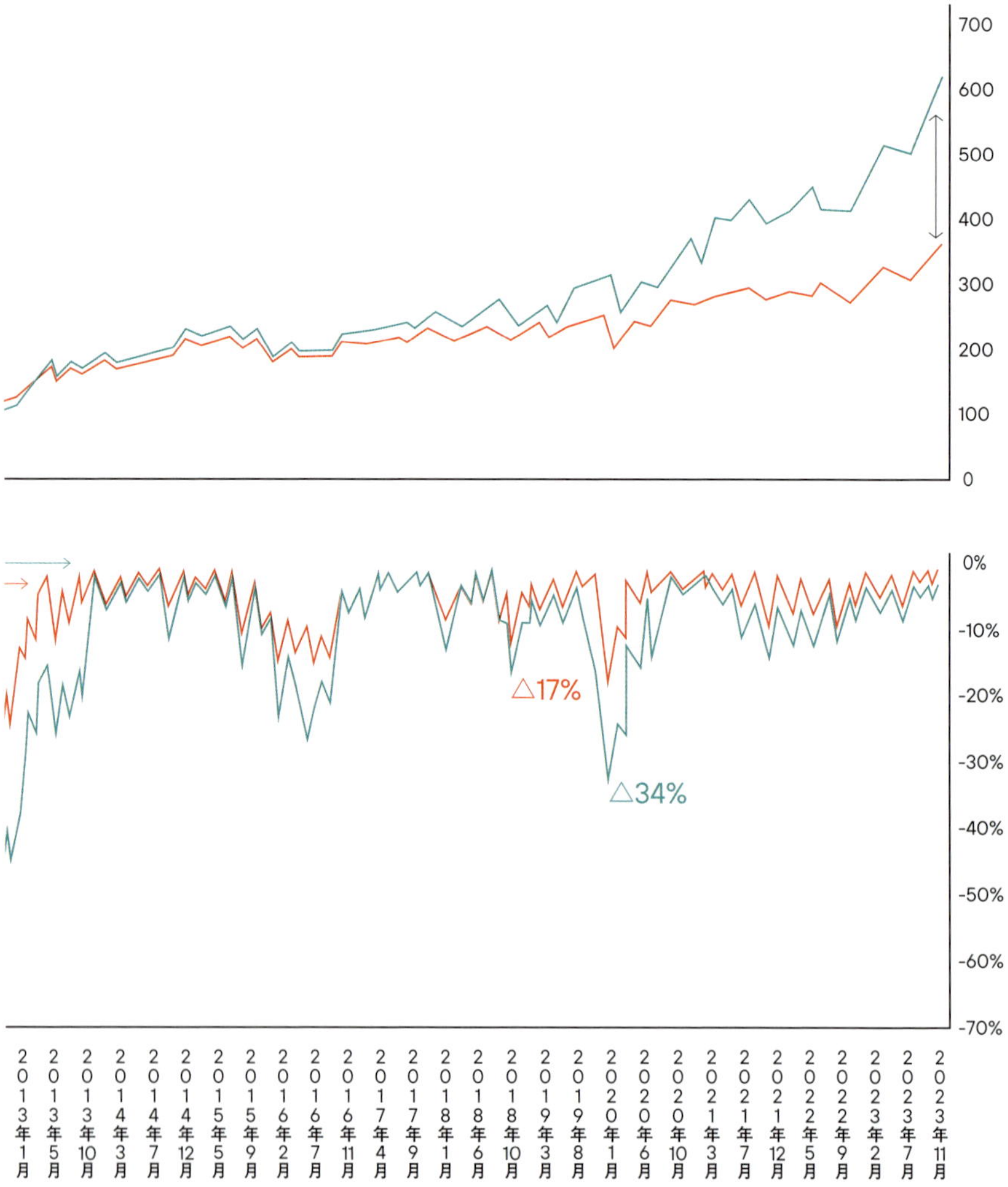

※実在する投資信託のデータを使い指数化。円建て。

図2-4：過去に何が起きたのか知っておこう

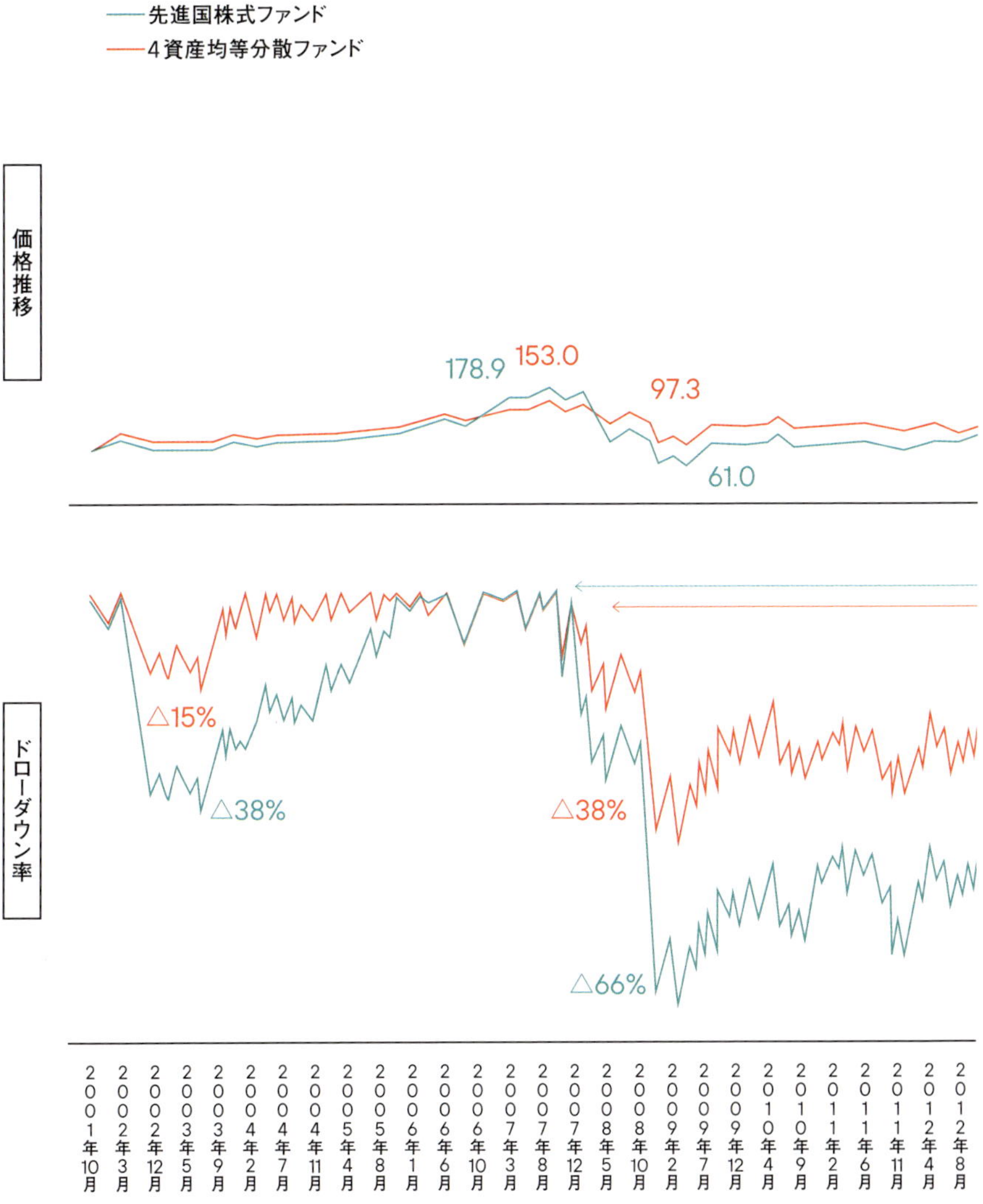

２０２０年初頭に始まった新型コロナウイルス感染症の流行でも、世界中の株価指数が３割強下落しました。**10年単位で長期投資をするならば、こうした大きな株価変動と無縁ではいられません。**

第１章の例のように、５０００万円の財産の大半をつぎ込んでしまうような提案は、リスクを念頭に置かずにＰ．48の図２–３のような右肩上がりのグラフをイメージしているからなのかもしれません。確かに、このグラフのように資産が順調に増えていくのなら、運用しなければ損です。でも、私たちのところに相談に来られたお客様は、直感的にそんなはずはないと感じ取ったわけです。こんなシミュレーションを使って資産運用のＰＤＣＡサイクルを回そうとしても、経済ショックが来ればサイクルは崩壊してしまいます。では、どうしたらいいのでしょうか。

資産運用のリスクは可視化できる

資産運用でもＰＤＣＡサイクルを回すために、**まずは適切な計画（Plan）を立てることが大切**です。そのためには、将来の投資成果をリターンだけでなくリスクも含めて予測したいところです。そんなことができるのでしょうか。

実は、**資産運用におけるリスクは可視化することが可能**です。将来の投資成果はリターン（1年間の収益率）とリスク（リターンのブレ幅のこと。標準偏差）があれば計算することができます（次ページ図2–5）。

最近は、あちこちのホームページで、条件を入力すればどれくらいのリターンが期待できるか、つまり将来の投資成果をシミュレーションできるようになってきました（モンテカルロシミュレーションという手法を使っています）。私たちはモンテカルロシミュレーターも開発していますが、**これから使う私たちオリジナルの資産運用シミュレーターは、確率の計算式をひねりだしてロジックを作っています。**

図2-5：本書における定義

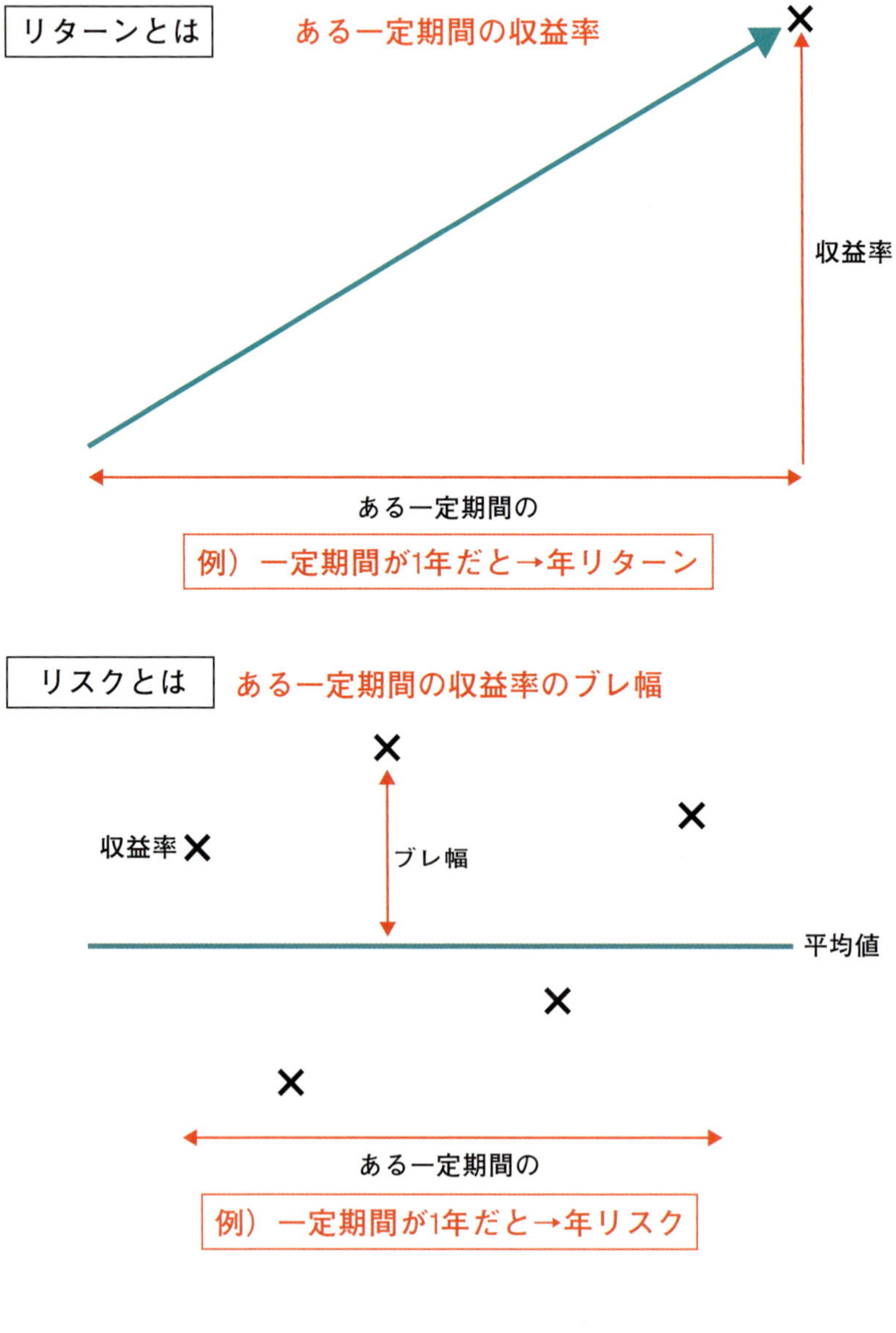

最初に、120万円を先進国株式ファンドに一括投資すると1年後にどれくらいの金額になると予想されるか試算した結果を見てみましょう（次ページ図2-6）。このグラフは縦軸が金額（万円）、横軸が投資期間（月単位）になっています。

リスクをまったく考えなければ、将来の投資成果を予測したグラフは真ん中の青い平均値のライン1本——さっきのP.48図2-3と同じ——です。**リスクを加味すると、上下にばらつきが生まれます。**上のほうは投資成果が大きく、下のほうは投資成果が小さい、もしくは損をする場合です。ここでは実現確率という概念を使って、実現確率10％～90％まで10％きざみで投資成果の予測を見ていきましょう。

図2-6には、120万円を先進国株式に一括投資して1年運用した場合、予測される投資結果が10％から90％までの「実現確率」ごとに記されています。表の一番下の「実現確率90％」の項目は、**「101・7万円となる確率が90％」ではなく、「101・7万円以上となる確率が90％」と読んでください。**あとは、順番に上に上がって「118・0万円以上となる確率が70％」「130・9万円以上となる確率が50％」……となって、一番上は「168・4万円以上となる確率が10％」と読みます。

図2-6：先進国株式ファンドに120万円一括投資、1年間運用（年リターン11.2%・年リスク22.1%）

投資総額	120万円

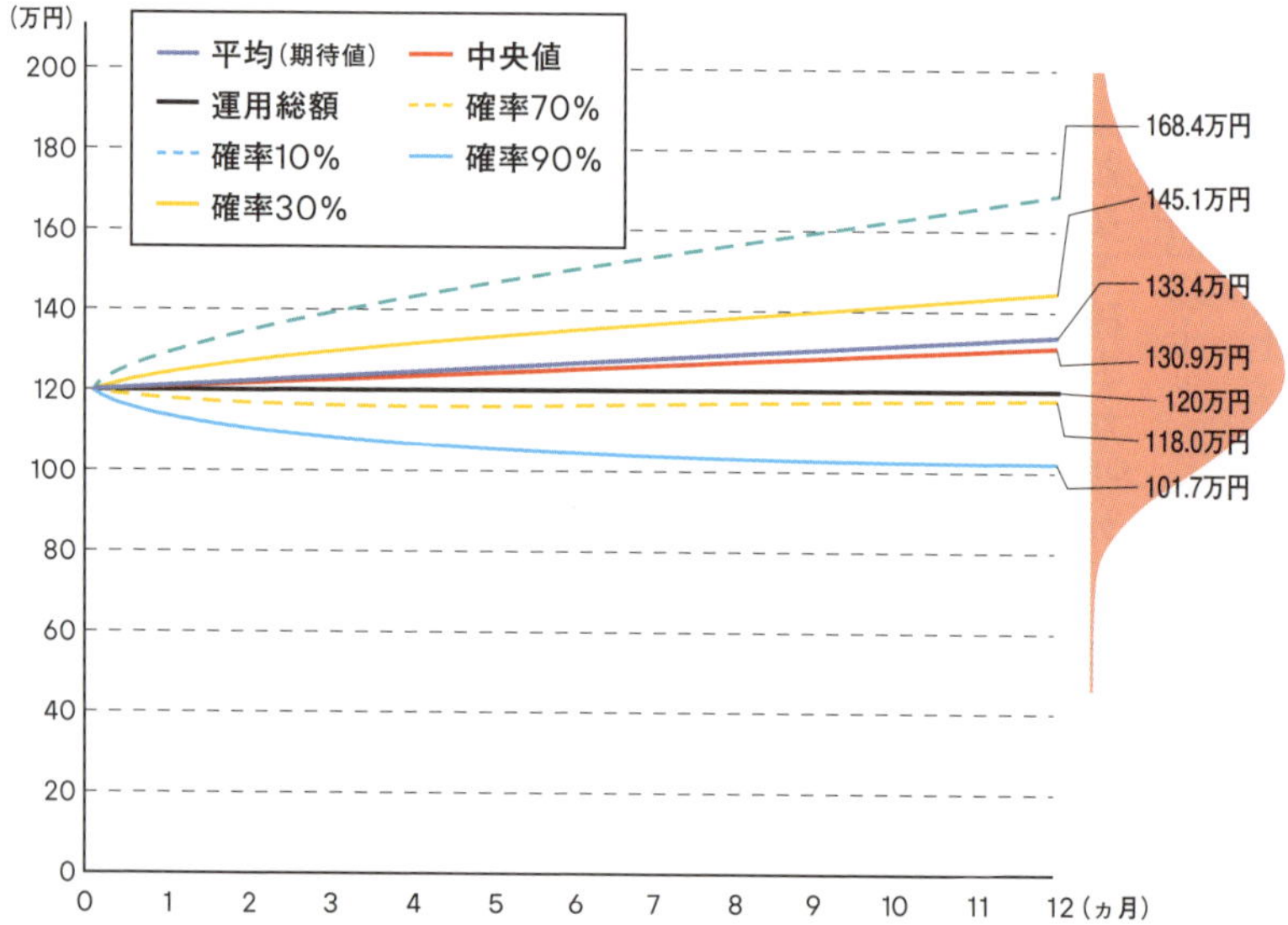

		運用結果		収益率
平均（期待リターン）		133.4万円	実現確率：46.08%	11.2%
元本割れ確率		32.9%		
			（中央値からの乖離）	
実現藉率	10%	168.4万円	37.5	40.3%
	20%	154.4万円	23.5	28.7%
	30%	145.1万円	14.2	20.9%
	40%	137.6万円	6.7	14.6%
（中央値）	50%	130.9万円	0.0	9.1%
	60%	124.5万円	-6.4	3.8%
	70%	118.0万円	-12.8	-1.6%
	80%	110.9万円	-19.9	-7.6%
	90%	101.7万円	-29.1	-15.2%

こうした計算をすると将来の元本割れする確率を計算することもできます。この条件での元本割れ確率を確認すると32・9％となっています。先進国株式に投資する場合、1年間の投資期間でみると約3年に1度は元本割れするだろう、という計算になります。逆にいうと3年に2度はプラスで終わるだろうと見ることもできます。

では、次に投資期間を10年に延ばしてシミュレーションしてみましょう（次ページ図2–7）。元本割れ確率は8・1％と大きく低下し、実現確率90％でも128・9万円以上となり、かなりの確率で利益が出る予測になります。また、実現確率50％（中央値）では285・8万円以上と2倍以上になると予測されます。こうしたツールを使うことによって「○○のために○年後に○万円準備できる確率が○％」といった計算ができ、**リスクの伴う資産運用でも「計画（Plan）」することができるようになります。**

あとは、計画に沿って投資を行い（Do）、計画と実績を比較し分析（Check）、問題があれば改善する（Act）というPDCAサイクルを回せばOKです。計画と実績の比較分析（Check）をするためにも、計画（Plan）段階で、最終的な将来の投資成果の予測だけ

図2-7：先進国株式ファンドに120万円一括投資、10年間運用（年リターン11.2%・年リスク22.1%）

投資総額　120万円

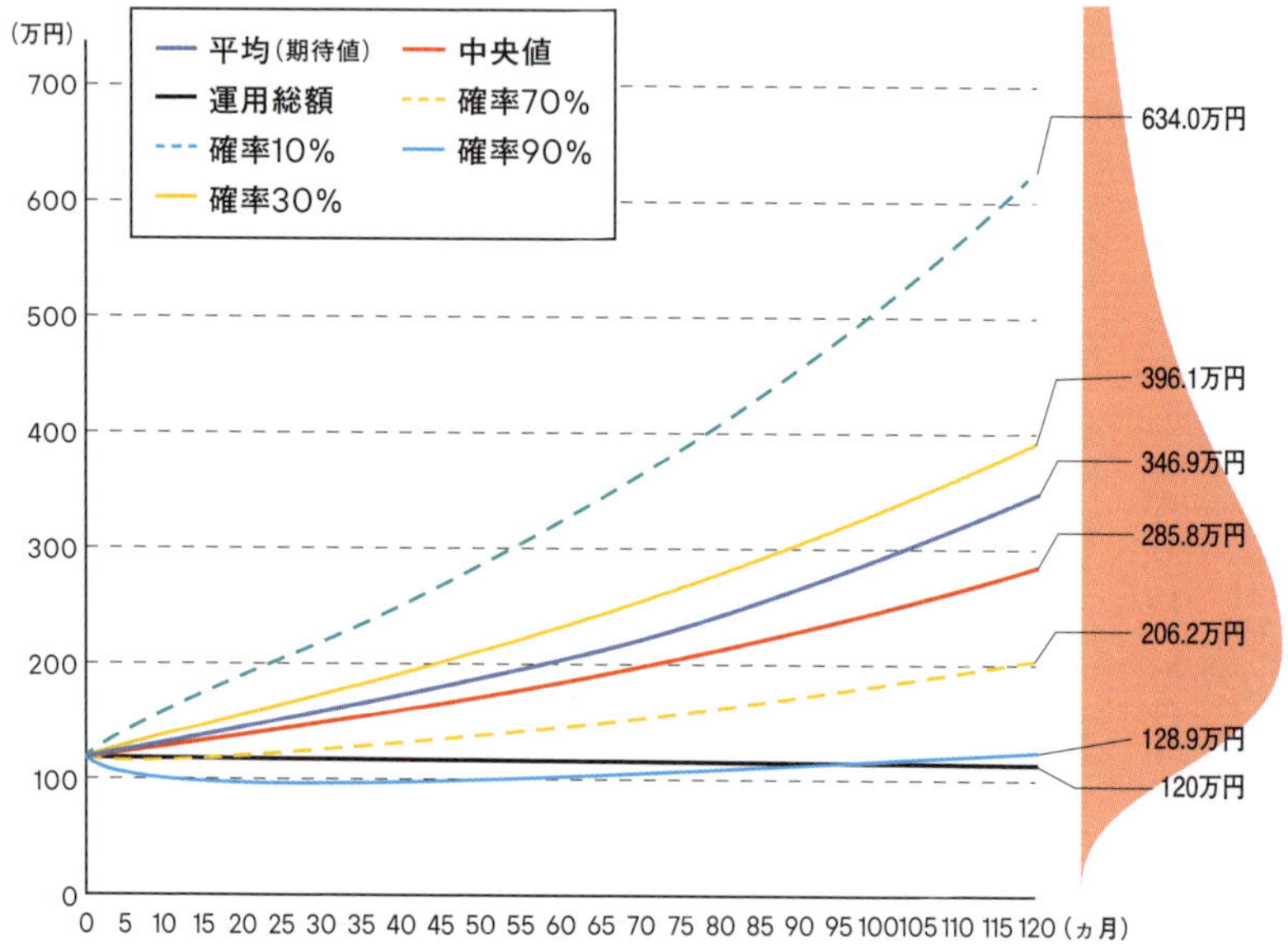

		運用結果		収益率
平均（期待リターン）		346.9万円	実現確率：37.78%	189.1%
元本割れ確率		8.1%		
			（中央値からの乖離）	
実現確率	10%	634.0万円	348.2	428.3%
	20%	482.1万円	196.3	301.8%
	30%	396.1万円	110.3	230.1%
	40%	334.6万円	48.7	178.8%
（中央値）	50%	285.8万円	0.0	138.2%
	60%	244.2万円	-41.6	103.5%
	70%	206.2万円	-79.6	71.9%
	80%	169.5万円	-116.4	41.2%
	90%	128.9万円	-157.0	7.4%

でなく、時間の経過に沿った推移予測も出しておくことで、実績と比較し分析（Check）できるようになります。

「富める少数」と「そうでない多数」が一目瞭然！

ところで、それぞれのグラフの右端には、雲のような図柄があります。これは度数分布というもので、**その雲が厚いところは、その金額になる人が多いと予測**されます。逆に、**雲が薄いところはその金額になる人が少ないと予測**されているわけです。

雲の形に注目すると、下の方、つまり**投資成果の小さいほうが雲は厚くなっています。**図2-6のように、運用期間が短いと偏りはごく小さく、ほぼ上下対称に近い（標準正規分布に近い形）ですが、運用期間が長くなると図2-7のように上下に偏りが大きくなります（対数正規分布といいます）。一部の大きく儲ける人が平均値をひっぱり上げるので、平均値は中央値の上方に離れていきます。そのため平均値の実現確率は50%以下になることに注意が必要です。よくあるシミュレーションではこの平均値のラインのみが示されています。

その仕組みを簡単に表すと、図2-8のようになります。例えば、16人でコイン投げをしてみましょう。表が出ればプラス20%、裏が出ればマイナス20%というルールのゲームだとします。まずみんな100からスタートです。1回目のコイン投げをすると50%の確率で表、50%の確率で裏が出るでしょうから、16人のうち8人がプラス20%の120、8人がマイナス20%の80になるとします。2回目、3回目、4回目とコイン投げを繰り返すごとに分布に偏りが出てきます。4回目が終わった時点では、1人が207・36、4人が138・24と利益を出しています。ただ、利益を出しているのはこれらの5人だけで、残りの11人は損を出しています。このように**運用期間が長くなるほど上下に偏りが大きくなっていく**のです。この**偏り方、ばらつき具合はリスクが大きいほど大きくなります。**そして、平均値は中央値からどんどん離れていきます。

大きなリスクを取ることで金持ちになるチャンスが生まれます。ただ、実際にはそのごく一部の勝ち組の人たちと、それ以外の普通の人たち——増加幅の小さなプラスのリターンを得ている人も含む——に分かれていきます。私たちが住む社会でも同じ

図2-8：平均値と中央値が離れていくわけ

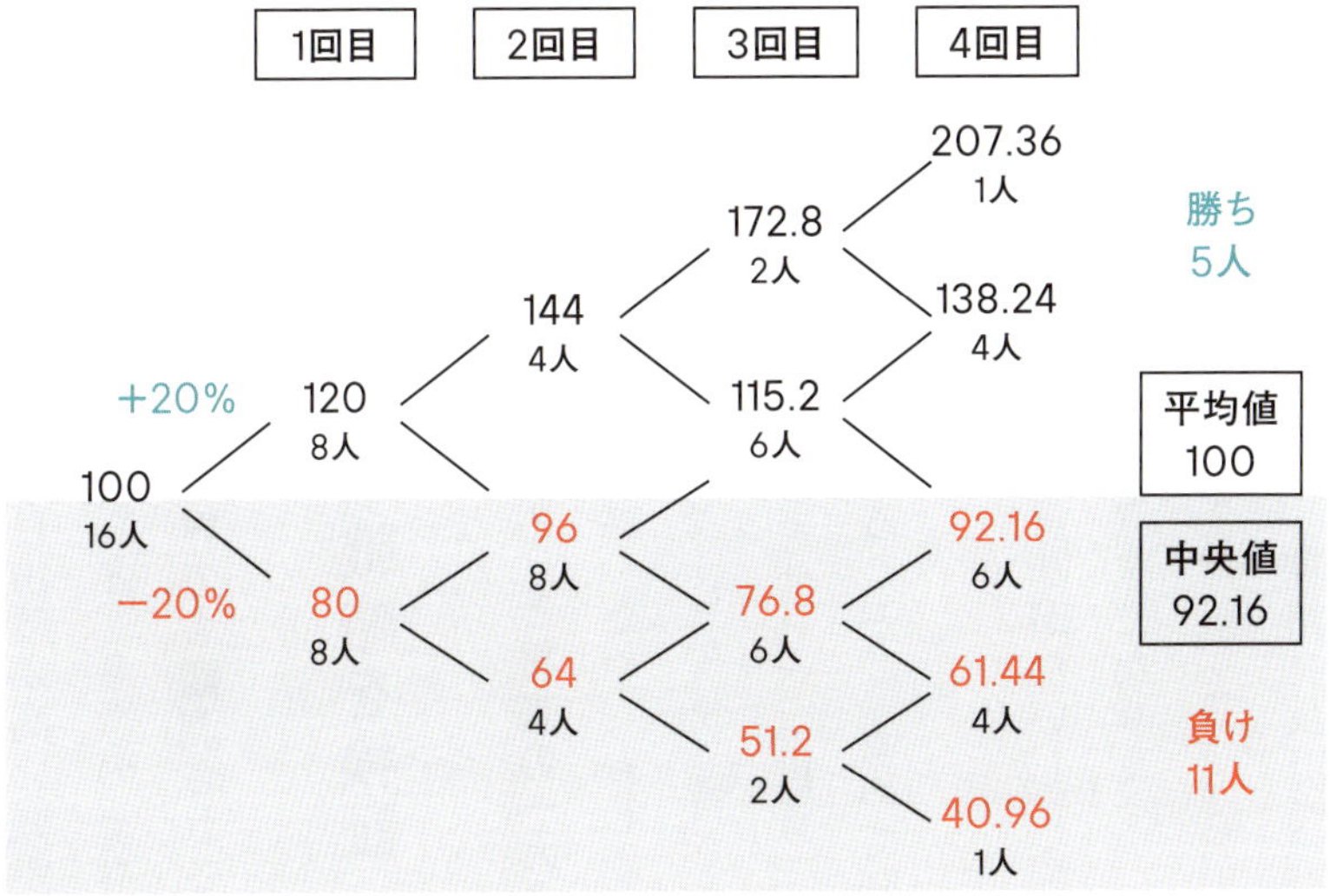

表が出れば＋20％、裏が出ればー20％というルールのコイン投げゲームを4回繰り返したした場合、利益が出た勝ち組が5人と損をした負け組が11人というように、分布に偏りが発生する。

ようなことが起きています。社会の自由度が高い競争社会であるほど、偏りやばらつきは大きくなります。一部の大金持ちと、多数のそれ以外の人。世間でいわれている**「二極化」と同じ現象が資産運用の世界でも観測**されるのです。

資産運用の2つの基本戦略を検証

この資産運用シミュレーターを使うと**将来の「元本割れ確率」も計算することができました。**「元本割れ」と聞いて驚く方や、もしくは「聞きたくなかった」といやな顔をする方がいるかもしれません。しかし、皆さんがやろうとしているのは、新NISAという少額投資非課税制度を使って「投資」する行為です。**リスクを取って投資すれば元本割れする可能性がある**ことは、改めて肝に銘じておく必要があります。

元本割れしてしまっては投資した意味がないし、そもそも利益が出なければ、非課税という新NISAのメリットが無意味になります。そのため、元本割れしてしまうと売却し現金化しにくくなります。また、「これくらいは増えるだろう」と見越して思い描いてきたライフプランがあれば、期待に反して元本割れしてしまえば実現できなくなってしまいます。資産運用というと、儲かることにばかり注目しがちですが、新NISAをライフプランの実現のために活用するなら**「元本割れ確率」も重要な指標の一つとして管理**していきましょう。

元本割れ確率を下げるための資産運用の重要な基本戦略が2つあります。**①長期投資、②分散投資**です。この2つがなぜ基本戦略といわれるのか、資産運用シミュレーターを使ってその効果を実感してみましょう。

①長期投資

もう一度、将来の投資成果を予測したP．58の図2−7を見てみましょう。この図は120万円を先進国株式100％に10年間投資した場合の予測でした。この図の中に**10年後の元本割れ確率が8・1％**と示されています(元本割れする深さではなく、元本割れを起こす確率です)。この数字を高いと見るか、低いと見るかは人それぞれでしょう。でも、10年という運用期間は多くの方が長期と思っているはず。それでも、この程度の元本割れ確率が残っています。

図2-9：先進国株式ファンドに120万円一括投資、20年間運用（年リターン11.2%・年リスク22.1%）

投資総額	120万円

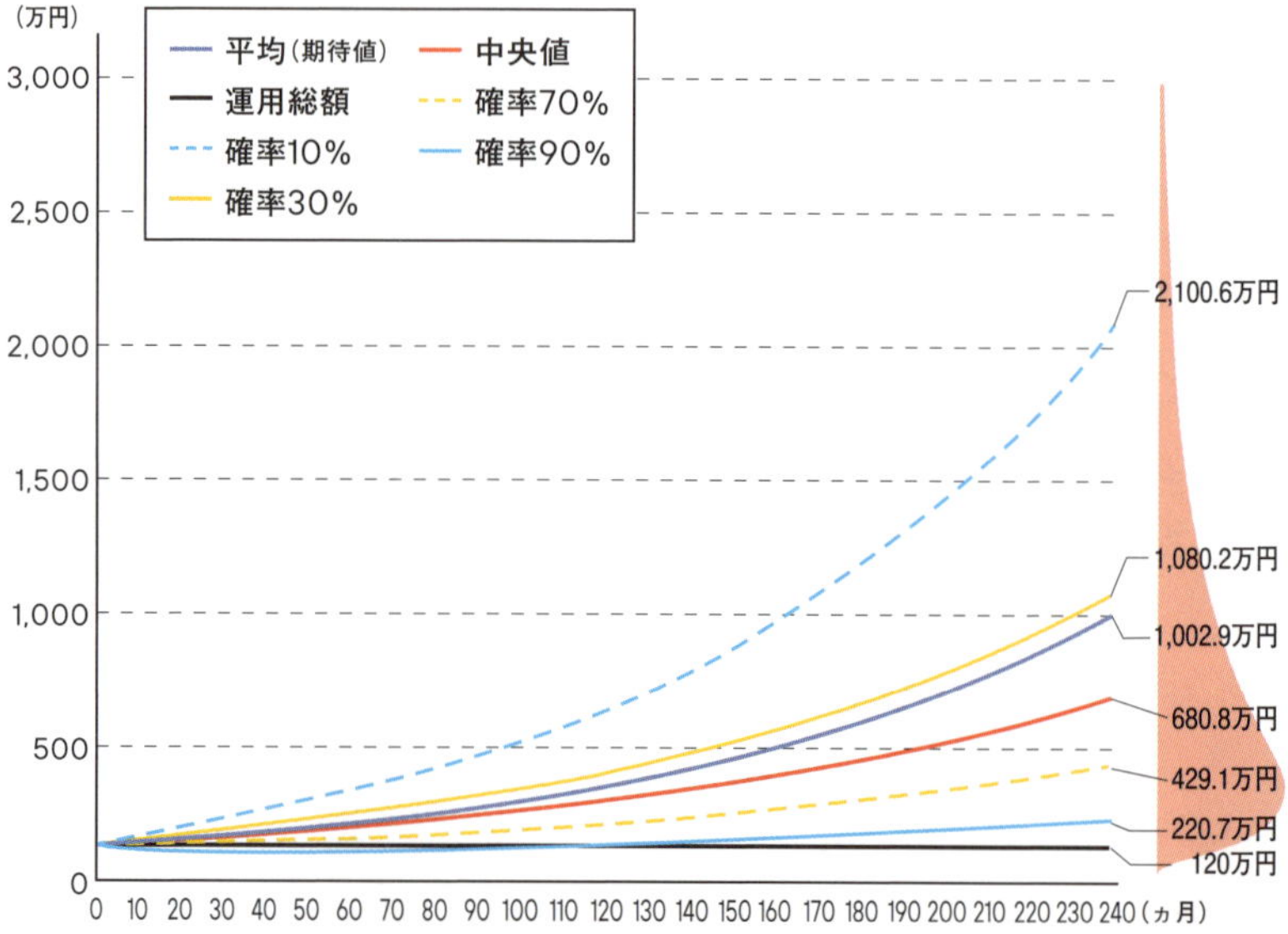

		運用結果		年率	収益率
平均（期待リターン）		1,002.9万円	実現確率：32.99%	11.2%	735.8%
元本割れ確率		2.4%			
			（中央値からの乖離）		
実現藉率	10%	2,100.6万円	1,419.8		1650.5%
	20%	1,426.1万円	745.3		1088.4%
	30%	1,080.2万円	399.4		800.2%
	40%	850.7万円	169.8		608.9%
（中央値）	50%	680.8万円	0.0		467.4%
	60%	544.9万円	-135.9		354.1%
	70%	429.1万円	-251.7		257.6%
	80%	325.0万円	-355.8		170.9%
	90%	220.7万円	-460.2		83.9%

では、次に運用期間を20年に延ばしたらどうなるでしょうか（120万円を先進国株式100%に投資した場合）。図2-9を見てみましょう。運用期間が延びた分、実現確率90%で220・7万円以上、50%で680・8万円以上と、10年間運用した場合よりも大きな投資成果が予測されています。そして、**元本割れ確率は2・4%**へと大きく下がっています。このように**運用期間を延ばすほど、大きな投資成果が期待できるようになり、同時に元本割れ確率も小さくなる。**まさにこれが長期投資の効果です。

では、皆さんはどれくらいの期間を「長期」と考えるでしょうか。若い方なら10年、20年を見ることは可能でしょう。ところが、高齢の方になると10年はまだしも20年となると難しいと考える人は多くなるでしょう。また、若い方でも目の前で教育費や住宅資金が必要であれば、運用どころではないかもしれません。一言で長期投資といっても、**個別の事情によって投資できる期間は変わってきます。**

②分散投資

次に120万円を10年間、4つの資産に均等分散投資（先進国株25%、国内株25%、先進国債券25%、国内債券25%）したときの将来の投資成果予測を見てみましょう。実現確

図2-10：4資産均等分散投資ファンドで120万円一括投資、10年間運用（年リターン6.4%・年リスク10.8%）

投資総額　120万円

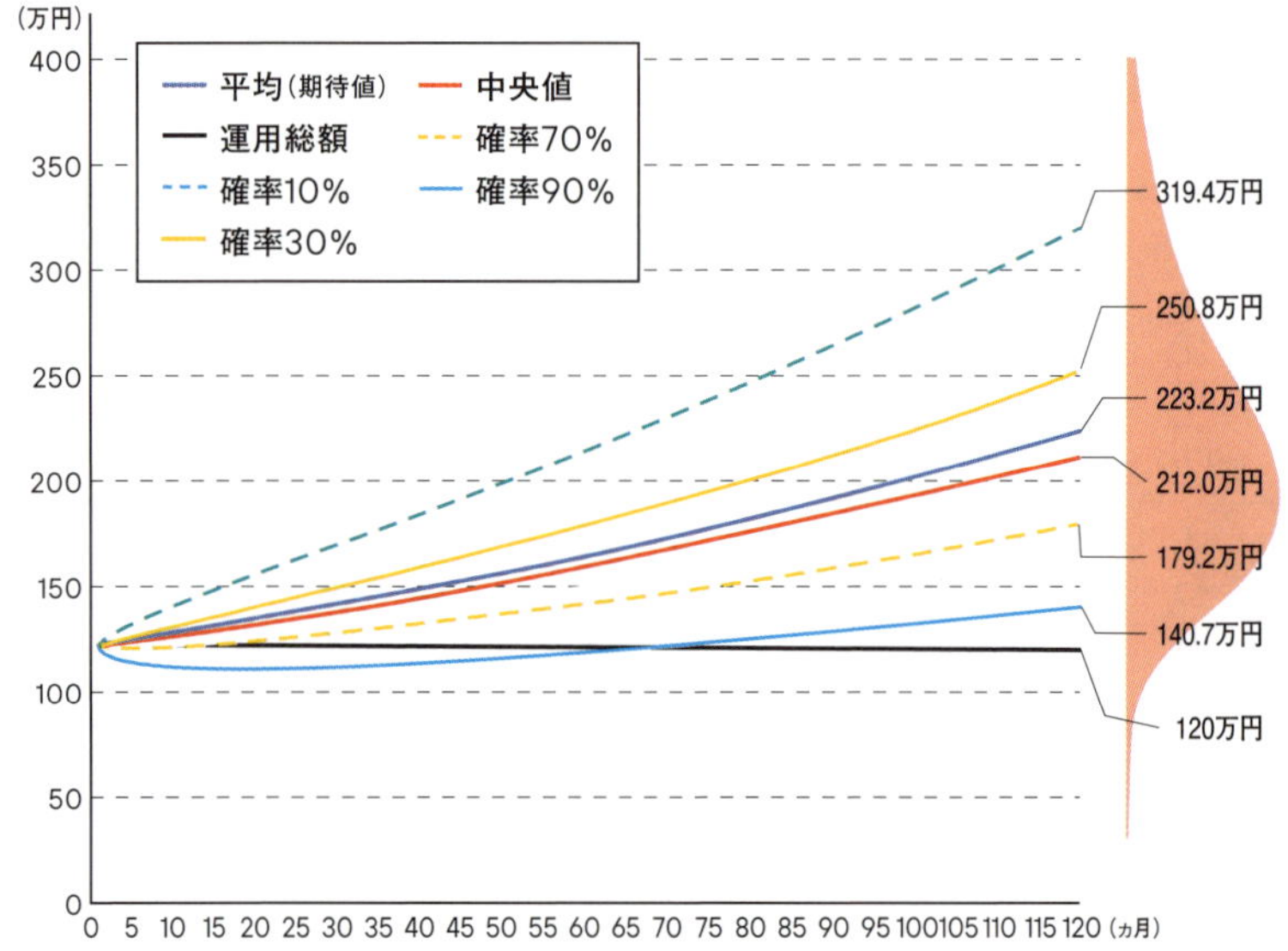

	運用結果		収益率
平均（期待リターン）	223.2万円	実現確率：43.64%	86.0%
元本割れ確率	3.7%		

		運用結果	（中央値からの乖離）	収益率
実現藉率	10%	319.4万円	107.4	166.2%
	20%	277.4万円	65.4	131.2%
	30%	250.8万円	38.8	109.0%
	40%	229.9万円	17.9	91.6%
（中央値）	50%	212.0万円	0.0	76.7%
	60%	195.5万円	-16.5	62.9%
	70%	179.2万円	-32.8	49.4%
	80%	162.0万円	-50.0	35.0%
	90%	140.7万円	-71.3	17.3%

率50％で２１２・０万円以上です（図2-10）。先進国株式１００％（P.58図2-7）の場合では２８５・８万円以上だったので、分散投資したことでリターンが低くなり、将来の投資成果は小さく予測されています。一方で、実現確率90％を見ると１４０・７万円以上となり、先進国株式１００％の１２８・９万円以上を上回っています。そして、10年後の元本割れ確率は３・７％と先進国株式１００％の８・１％を大きく下回りました。**これこそが分散投資の効果で、リスクが低くなる分、投資成果のブレが小さくなっている**のです。

分散投資の基本は「株式」と「債券」

投資のリスクを下げるための手法は様々ですが、分散投資が基本です。**投資先の地域や資産の種類などを複数選択し、組み合わせ、リスクを分散させる**方法です。最近は仮想通貨といった新しい資産が登場していますが、まずは過去のデータが豊富な、伝統的な資産を使って分散投資をしましょう。伝統的な資産の中でいうと、**ハイリスクな投資先の代表が株式で、債券は比較的リスクが低くなります。**それぞれに投資する資金の割合によって、自分が取るリスクの高さを調整するわけです。

オルカンも確かに複数国の企業の株式に投資しているから、個別株を買うよりは分散できています。ところが、結局は株式という資産に集中して投資しているともいえます。オルカンだけでは十分にリスクを分散しているとはいえません。

一般的に株式市場が強いときは債券市場が弱く、逆に株式が弱いときは債券が強いという関係が観測されます。こうした関係を利用して組み合わせることで分散投資のリスク軽減効果を高めることができます。ところが、超低金利環境になるとこうした関係が成り立ちにくくなります。そのため、国内だけでなく、海外も、そして、株や債券だけでなく不動産、金といったものにも投資先を拡げていくのがトレンドになりつつあります。とはいえ、**まずは株と債券への分散投資を基本**として考えましょう。

さらに、この資産運用シミュレーターを使って別の投資戦略の有効性についても明らかにしていきましょう。

分割投資は元本割れリスクが高い

ここで、まとまったお金のある人の運用プランを考えてみましょう。まとまったお金があれば、一括で投資することも、コツコツと分割して投資することも可能です。どちらのほうがよい投資成果を期待できるのでしょうか。

一括投資できる人が少しずつコツコツ投資することは「分割投資」と呼ばれ、「積立投資」とは区別されます。分割投資は分散投資と同じように見えますが、**分散投資は投資する対象を分けること、分割投資は投資する時期を分けること**で異なるものです。

一括投資の将来予測はP．58の図2-7の120万円を先進国株式100％に10年間投資したケースを見てください。これに対し、月1万円ずつ先進国株式に10年間分割投資した投資成果の予測が、次ページ図2-11です。

まず、実現確率50％の予測を見ると、一括投資は285・8万円以上、分割投資は

図2-11：先進国株式ファンドに月1万円ずつ分割投資、10年間運用（年リターン11.2%・年リスク22.1%）

投資総額	120万円

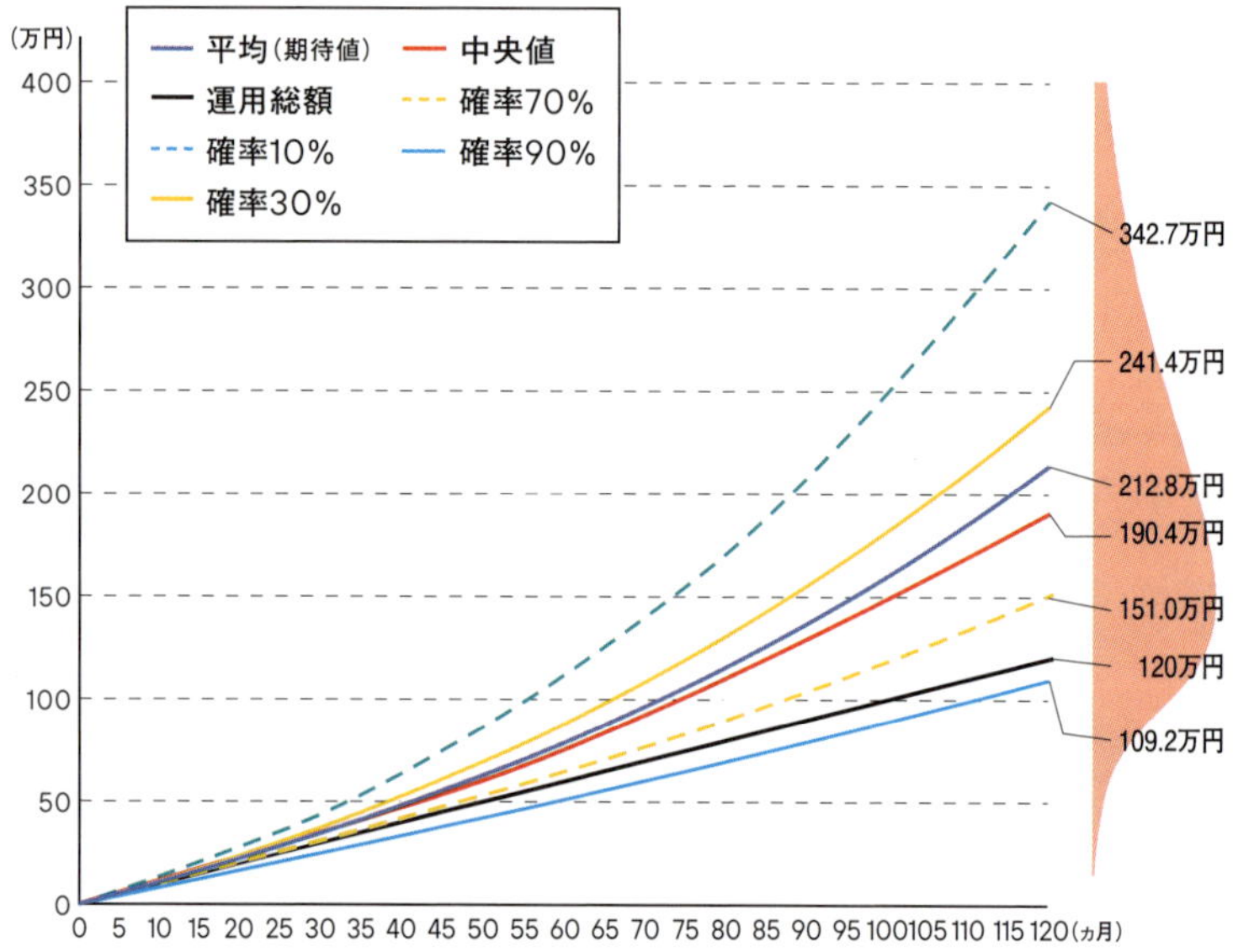

		運用結果		収益率
平均（期待リターン）		212.8万円	実現確率：40.89%	77.3%
元本割れ確率		15.5%		
			（中央値からの乖離）	
実現藉率	10%	342.7万円	152.3	185.6%
	20%	279.1万円	88.7	132.6%
	30%	241.4万円	51.0	101.1%
	40%	213.3万円	23.0	77.8%
（中央値）	50%	190.4万円	0.0	58.6%
	60%	170.1万円	-20.3	41.8%
	70%	151.0万円	-39.4	25.8%
	80%	131.7万円	-58.7	9.7%
	90%	109.2万円	-81.2	-9.0%

190・4万円以上で一括投資の圧勝です。次に実現確率90％を見ると、一括投資は128・9万円以上、分割投資は109・2万円以上とこちらも一括投資の圧勝です。

さらに、元本割れ確率を確認してみましょう。一括投資は8・1％、分割投資は15・5％となり、こちらも一括投資のほうが有利になりました。一括で投資するのは怖いので、分割投資する方も多いと思います。投資する時期を分けることでリスク分散できる気がします。ところが、こうして分析すると、**分割投資は投資成果が劣るだけでなく、元本割れの確率すら上がってしまうことがわかります。**

なぜこんな現象が起こるのでしょうか。その理由は意外に単純です。一括投資なら、全額を丸々10年間運用します。しかし分割投資の場合、後から投資するお金の投資期間が徐々に短くなっていきます。**丸々10年間運用するのは、最初に積み立てた1万円だけ**です。3年後に積み立てた1万円の運用期間は残り7年、8年後なら残り2年、**最後に積み立てた1万円に至っては、わずか1ヵ月しか運用できません。**これらを平均した運用期間はほぼ半分と短くなりますから、それだけ増え方も小さくなるし、元本割れ確率も下がらないのです。

一括投資と分割投資とで、それぞれの元本割れ確率がどのように推移するのか計算した結果を見てみましょう（図2―12）。このように、運用期間が長くなるとともに元本割れ確率は低下していきます。運用当初の元本割れ確率の低下は早く、徐々に低下のスピードが緩くなる曲線を描きます。私たちはライフプランにかかるお金が必要なときに、**元本割れ確率が5％以内**になることを目安にして投資のアドバイスをしています。この5％を割り込むまでの年数を見ると、**一括投資は約14年かかり、分割投資は約29年かかっています。**分割投資すれば平均の運用期間がほぼ半分になるので、元本割れ確率が一括投資と同じ水準に下がるまでに約2倍の時間がかかるのです。

とはいえ、分割投資の効果がまったくないわけではありません。将来の投資成果の確率分布は実現確率50％（中央値）の上下に広がりますが、この上下の広がりは分割投資の方が狭くなっており、**投資成果の二極化現象が抑えられています。**ブレのことをリスクと考えると、確かに分割投資によってリスクが小さくなっているといえるかもしれません。違和感はあるかもしれませんが、そういう表現もできそうです。

図2-12：分割投資は一括投資の約2倍の期間をかけて元本割れリスクが低下する

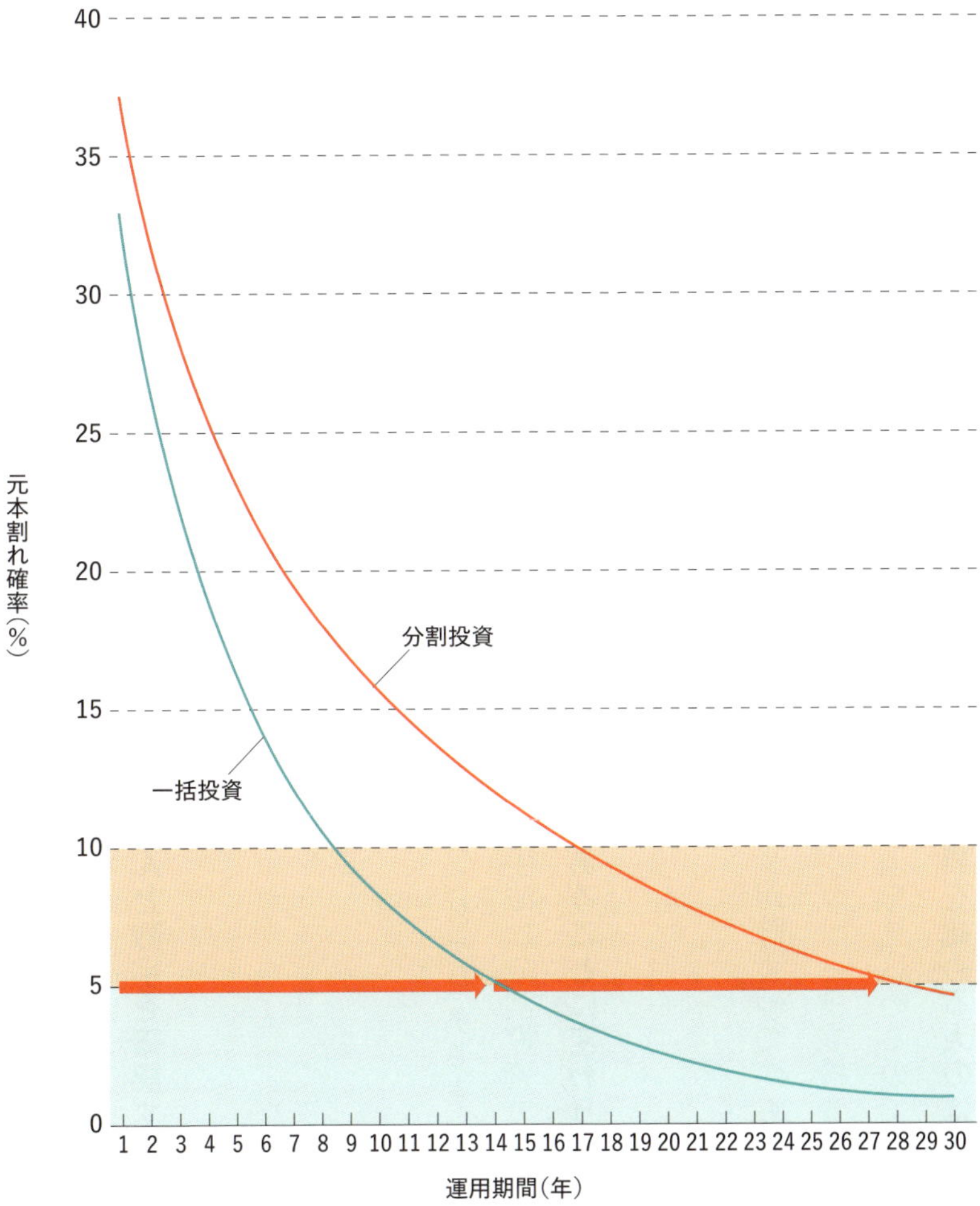

感覚的に、一括で投資するのは怖い、分割投資の方が安全、と思っている人は多いはずです。でも、こうしてシミュレーションをしてみると、考えが変わった方もいるのではないでしょうか。感覚だけで運用するのではなく、**きちんと数字を確認する大切さ**を知ることができる典型的な事例だと思います。

それでも、積立投資は運用の基本戦略の一つ

ただ、そうはいっても、一括投資ができるだけの蓄えがある人だけではありません。これから資産形成を目指す人にとっては、コツコツと投資する手法は分割投資ではなく積立投資といいますが、**積立投資は運用の基本戦略の一つであることに変わりはありません。**

例えば、こういうケースを考えてみましょう。まとまったお金が貯まってから投資を始める、という人がいます。一方で、お金が貯まる前からコツコツと積立投資を始める、という人もいます。では、どちらの戦略のほうがよい成果を見込めるのでしょうか。同じように計算すると、**貯まる前からコツコツと積立投資を始める人のほうが**

よい結果になる確率が高くなります。これも早く運用を始めたほうが平均の運用期間が長くなるという単純な理由です。

例えば20代であれば、まだ一括投資するだけの蓄えもない人も多いでしょうから、積立投資しか選択肢はないかもしれません。一方で長期に投資できるという強みを活かして、オルカンのような株式だけを活用して資産形成してもいいでしょう。

ただ、若い人であっても、結婚して、子どもができて、住宅を購入する、など将来のライフイベントに必要な資金を積立投資するなら、**お金が必要になる時期での元本割れリスクに注意すべき**でしょう。

一方、リタイアされ退職金を受け取った方など、手元に豊富な資金があるけれど高齢な場合は、長い期間の投資は想定しにくいかもしれません。**特に高齢期になると、増やすよりも守ることに重点が置かれます。**分散投資することで比較的短い期間のうちに元本割れ確率を小さくすることを意識すべきでしょう。

私たちはお客様のライフプランを実現するために、将来何らかの目的で必要な資金の運用をアドバイスしています。そのため、元本割れ確率の管理も重視します。オルカンやS&P500インデックスファンドは確かに平均のリターンは高いけれども、同時に**リスクも高く元本割れ確率が下がるのに時間がかかります。**ライフプランの実現を目指し運用するなら、使い方には注意が必要な商品といってもいいものです。

もしも、お金が必要になったときに元本割れしていたら、そのお金を取り崩すのは相当な抵抗感があるはずです。新NISAを使って投資していればなおさらです。すでに投資を始めている人も、**そのお金は「いつ」「何のために」必要となるお金で、現在の投資商品とマッチしているのか、確認しておきましょう。**

私たちの運用手法を深堀りすると……

ちなみに、私たちが運営している無料の資産運用のロボット・アドバイザー「ふくろう倶楽部」では、私たちが開発した元本割れリスクを下げることを主眼とした運用システムを活用することができます。元本割れ確率を5年で5%以下にするためにはどのように運用したらいいのかを研究して作ったシステムです。株式と為替市場のトレンドを判断し、攻め・守りを切り替えるアドバイスが行われます。

なぜ、こういう仕組みになっているかというと、リスクはいつも同程度というわけではないためです。ある分散投資型（バランス）ファンドでは、平常時の年リスクは約10％程度ですが、リーマンショックやコロナショックのような経済ショックが発生すると大きく上昇します（次ページの図2−13）。そこで平常時は株式主体の「攻め」の資産配分で価格の上昇を取りに行きますが、リスクが高くなるようなイベントが発生したかもしれない、とシステムが判断したときには、株式の比率を減らし債券主体の「守り」の資産配分に切り替えるような仕組みになっています。為替についてはマクロ経済指標を活用し、円高に振れやすい時期には為替変動の影響を小さくするために、為替ヘッジ比率を上げる設定になっています。こうした単純な仕組みですが、**結果として全体のリスクの平均値を下げることが期待できます**。リスクを下げる手法は、分散投資以外にもあるのです。

このシステムでは、一般的なインデックスファンドを活用して運用することができ

図2-13：年平均リスクの推移

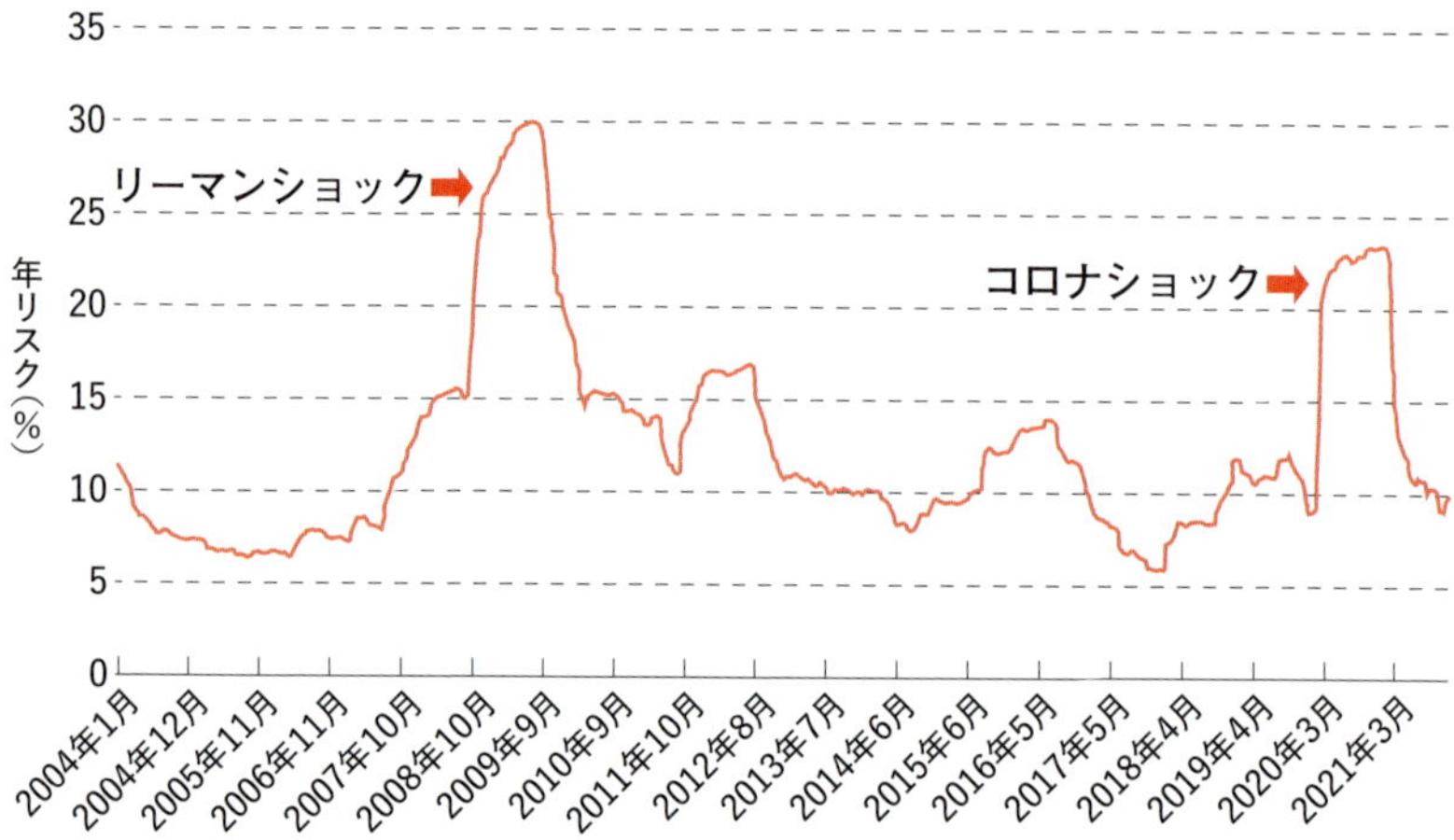

仮想バランスファンドを作成し試算したシミュレーション

ますが、リスク管理のために売買による資産配分の入れ替えが必要です。**非課税枠を管理するNISA向けに作ったシステムではなく、NISAには不向きな投資手法**です。あくまで投資の参考程度にご活用ください。

積立投資は、いい投資手法なのか？

積立投資に話題を戻しましょう。毎月一定額ずつ積立投資すると、ドルコスト平均法という購入方法と同じ効果が得られます。これは値動きする商品を毎月一定額ずつ買い付ける方法で、高いときには少ない口数を、安いときには多くの口数を買い付けることになり、**口数あたりの平均単価が下がりやすくなります。**

このドルコスト平均法の効果を活用できるのは、積立投資のメリットの一つです。ただ、どんな相場でもメリットになるわけではありません。**上がったり、下がったりを繰り返す相場では強みを発揮**する一方で、**どんどん上昇していくような相場ではむしろデメリットになりやすい**からです。

積立投資の最大のメリットは、投資を続けやすいことです。株価が高くなっている時期であれば、多くの人が高値掴みを警戒します。積立投資であれば高値掴みをしたとしても一部のお金で済みます。また、普通なら恐怖に支配されるような暴落局面でも「安くなったのでたくさんの口数を買える」と思えば前向きに投資を続けることができるかもしれません。投資に慣れていない初心者ほど、暴落局面であわてやすいので、**小さくコツコツと積立投資をするほうが気持ちは楽なはず**です。

ただし、分割投資と同様にコツコツ積立投資は、元本割れリスクが下がるまでに時間がかかります。それでも、これから資産形成をする方には有効です。今まで私たちが見てきた中で、**積立投資は多くの人が同じように資産形成ができた再現性の高い手法**なのです。運用ではないですが財形貯蓄のように、「積み立てをやっていたから今、これだけ資産がある」という人が周囲にたくさんいるはずです。**積立投資した金額は最初からなかったものとして生活する、という仕組みを作ることも資産形成には重要なポイント**です。

つみたて投資枠と成長投資枠、どう使い分ける？

第1章ですでに述べた通り、新NISAには「つみたて投資枠」と「成長投資枠」の2つがあります。それぞれをどう使い分ければよいのでしょうか？

まず、まとまったお金を一括投資したいならば、成長投資枠しか選択肢はありません。一方で、まとまったお金を持っていなければ、積立投資することになりますが、その場合は、つみたて投資枠でも成長投資枠でも投資できます。

つみたて投資枠で使える投資信託の銘柄の種類は300弱。それに対して**成長投資枠に登録されている銘柄は投資信託だけで2000近くあり**、つみたて投資枠の商品のほとんどは成長投資枠でも活用できます。さらに、成長投資枠では国内株式、米国株式、国内外のETFや不動産投資信託（REIT）など、**種々多様な商品にも投資できます。**つみたて投資枠の対象商品も少なくはないですが、もっと色々な投資をしてみたいという興味のある方は成長投資枠を活用するとよいでしょう。ただ、つみたて投資枠の対象銘柄は、販売手数料がない、運用中にかかる信託報酬が一定水準以下、といった金融庁の定めた基準を満たした商品です。**特に商品にこだわりのない初心者が活用するなら、つみたて投資枠の商品から選ぶほうが無難**でしょう。

巻末付録のおすすめ投資信託リストに掲載されている銘柄は、ほとんどをつみたて投資枠でも、成長投資枠でも使えるものから選びました（どちらかの枠でのみ利用可能なものも一部選んでいます）。

一般的に株と債券は、景気のいいときは株が、不景気のときは債券が値上がりやすく〝逆相関〟を示す傾向があります。バランス型と呼ばれる分散投資型の投資信託の多くは、**国内外の株や債券を組み合わせてポートフォリオが構成**されています。近年では、それに不動産などを組み合わせる商品も登場しています。

また、**金も組み合わせた商品も登場**しています。ロシアとウクライナ、イスラエルとハマスの間で戦闘が続いている現在のようなときは、「有事の金」といわれる金が値上がりしやすくなります。さらに金と株もしばしば逆相関を示すので、株と債券では補完しきれない局面を金で補う狙いです。現状では、金を組み込んだ商品は成長投資枠でのみ利用可能です。

恐怖で運用を「やめてしまう」のは誤り

長期投資をしていると色々な「事故」に遭遇し、大きく値下がりする局面がほぼ確実に来ると考えておくべきです。そんなとき、自分がどのような行動を取るのか、シミュレーションしておきたいところです。恐怖のあまり手持ちの資産を全部売り払って、運用そのものをやめてしまう人もいるのではないでしょうか。

最初は小さな金額から始めても、ある程度の年月を経て、資産が積み上がったタイミングで事故が起これば、金額ベースの下落幅が大きくなります。3割の下落は、運用資産が100万円なら30万円ですが、1800万円なら540万円の下落です。

経済ショックは長期運用につきものです。先述した通り、2008年のリーマンショックのときは、先進国株式は直近のピークから見ると約3分の1になるまで下がりました。株や債券に分散投資をしていても5割近くまで下がりました。もしも、老後資金だったら、上がるとばかり思っていた資金が目の前で半減すると、**「まだ下がるんじゃないか」「ゼロになるんじゃないか」という恐怖が際限なく湧くでしょう。**それに心が耐えられない人もいるはずです。感情が理性に勝ってしまう瞬間です。

でも、**運用をやめてしまうのは誤り**です。資産形成するなら、運用を続けるべきです。運用をやめた後に、運用を再開するのは簡単ではないのです。運用をやめるという悪手に至らぬためにも、**運用を始める前に過去に起きた最悪の事態を知りシミュレーションしておくとよい**でしょう。リーマンショックについても、「あのときでさえ、暴落は半分で済んだ」と思うことができれば、ある程度下げた時点で「戻るまで待とう」という具合に気持ちを落ち着けられます。もっと落ち着いてくれれば、大きく下落した局面では「今が投資するチャンス」と追加投資できるようになるかもしれません。

そういう意味では、**資産形成を始めるなら積立投資で小さく始めるのがいい**でしょう。金額の小さいうちなら、値下がりしてもさほどの恐怖は感じませんし、毎月少しずつという積み立ての投資行動は、値下がりしてもいきなり全部やめるという行動には走りにくく、投資を続けやすい手法です。

もっとも、資産が大きくなってから損失を被ったときの心理的ダメージは、一括投資と変わりません。市場が下落するときは、「○割下がった」ではなく、「○万円下がった」と**割合ではなく金額で心にダメージが来ます。**積立投資の場合、留意すべきは最初の頃と金額が積み上がった後では、値下がりしたときの感じ方がまったく違う、という点です。長期投資を続けるためにも、**価格が下がった、上がったときの心の持ちようを知っておくことは大事**です。

上位と下位の分岐点は何か

こうしてシミュレーションしていくと、投資で得られる成果には運の要素がありそうに見えます。では、これらの確率分布のうち上位に入りやすい条件、下位に入りやすい条件はどのようなものなのでしょうか。

一括投資の場合、投資タイミングに大きく依存します。投資タイミングを計ることは難しく現実的ではないのですが、データから見るとそのような結論になります。まず、市場が盛り上がって株価の上昇が長く続き「割高水準」と言われるような時期がありますす。そのような時期に一括投資する場合は、下位の成果になる可能性が高くなります。逆に相場が暴落し多くの投資家がろうばい売りをしているような局面もあります。このような時期に一括投資すれば上位の成果を得る可能性が高まります。多くの人にとって暴落局面は考えたくもない悪夢でしょう。ところが、投資で成功されている方々にとっては「バーゲンセール」の開催です。**暴落局面ほど忙しく、せっせと買い集めている**ことを知っておきましょう。

次に積立投資の場合はどうでしょうか。次のような2つのパターンを考えてみます。まずは①積み立てを開始してからしばらく上昇局面が続き、その後下落するパターン。そして、②最初に下落局面が続いた後に上昇局面が来るパターンです。計算してみると、**①上昇局面が続いた後に下落するパターンは下位の成果になりやすく、②下落局面が続いた後に上昇するパターンは上位の成果につながりやすい**ことがわかります。

新NISAで初めて投資をしたような投資初心者であれば、積み立てを開始してすぐに暴落局面が来てしまうと「だまされた」と思って投資をやめてしまうかもしれません。でも、②のように下落局面から始まったほうが、購入単価が安くなるので上位の成果が出やすい「幸い」なのです。**いきなり暴落に巻き込まれることもあるかもしれませんが、安い価格で仕込めると前向きに考え、積立投資を続けていきましょう。**

投資枠の上限に達したらほったらかせばＯＫ

新ＮＩＳＡで積立投資を行って、投資枠の上限である１８００万円に達したあと、何かすべきことはあるのでしょうか？

結論をいうと、**そのままほったらかすことがよい**でしょう。もっと投資できるのであれば、課税口座で運用していくことになります。もちろん、ＮＩＳＡも途中で売却していいのですが、「相場が高くなったから」ではなく、「実生活でまとまったお金の必要が生じたから」という理由ができたときに売却するのをおすすめします。

相場が上がったら売却するとして、再び投資するのは相場が下がったときと考えているはず。ところが十分に「下がった」ことをどのように判断するのか、誰にもわかりません。**もう一度投資に戻るなんて、簡単にはできない**のです。相場が上がっても、下がってもほったらかして、長期間投資を続けたほうがいい結果を得る確率は高いのです。

私たちはお金の必要が生じなくても、売却して資産割合を変更することがあります。それは事前にデータを分析した上で運用システムを組んで、売却するときや再び投資するときの条件をルール化しているからです。それを満たせば自動的に売却したり、再び投資したりします。何か自分なりのルールを決めて、それに従うやり方ならまだいいと思いますが、非課税枠を管理する必要のあるＮＩＳＡには向いていないと思います。

新ＮＩＳＡを使った投資についての私たちの基本的な考え方と戦略は、ほぼこの通りです。第３章、第４章ではその応用編として、私たちの資産運用シミュレーターを使った様々なシミュレーションを紹介していきます。

この章のまとめ

- 資産運用は、リスクがあるから難しい
- 資産運用の基本戦略は、①長期投資・②分散投資
- 積立投資は、これから資産を形成する人には有用

第3章

試算！新NISAで1億円つくれるか？

Q

月５万円を先進国株式
ファンドに積立投資。
何年間積立投資すれば
１億円を達成できる
可能性が高まる？

C　B　A

30年　20年　10年

A

C

30年

資産運用シミュレーターで、1億円に到達するまでの道筋を、まずは月5万円という頑張ればできそうな積み立て額で試算してみました。その結果、30年間積み立て続けると1億円に到達する確率が約40%と実現できる希望が持てる確率となりました。よくメディアに登場するシミュレーションを見ると100%実現できそうに見えますが、実際はそんなに甘くないので注意が必要です。

普通の人が投資で「億り人」になれるのか？

新NISAの活用方法を学ぶ上で、「億り人」になる――1億円をつくるためのシミュレーションは夢を感じますね。投資を始めるきっかけにもなるし、そのモチベーションも上がると思います。

人生の残り時間のたくさんある人、少ない人、まとまったお金を出せる人、出せない人など、人それぞれで条件は異なりますが、残り時間と元手となる資金のどちらか、もしくは両方が足りない人がほとんどですから、1億円を目指すとなると、**多くの場合、年10％以上の高い運用利回りを目指して高いリスクを取らなければなりません。**

この章では新NISAを活用して、1億円を目指すというわざと極端な目標を掲げてシミュレーションをしています。これで、運用における大切なポイントが肌感覚でわかってくるはずです。年齢や持っている金額、運用期間などの条件次第、例えば年5～6％のリターンでも運用期間を長く取れば、1億円に届く可能性が生まれる……

という具合に、**まったくの不可能ともいえないことがわかってきます。**ですから、まったくの絵空事とあきらめることもありません。試算する価値は十分あります。

1億円への道シミュレーション

では、実際に6つのケースに分けて試算してみましょう。月の積み立て額と積み立て期間、そして積み立て開始からの運用期間によって分けました。投資商品は①株100%、②株70%：債券30%、③株50%：債券50%、④株30%：債券70%の配分の投資信託4種類に限定し単純化して計算することとします（図3−1）。

また、本書のシミュレーションに使っている投資商品のリターンとリスク、そして最大ドローダウン（直近の最高値からの下げ幅）の数値は、2001年10月17日から2024年3月29日までの約23年間における、実在する投資信託の日次の価格データを元に計算しました。過去の実績データをそのまま使っており、将来に向けた期待リターン等ではないので注意して見てください。また、以下に登場するグラフは、縦軸の金額の目盛りが個々で異なっている点にご注意ください。

図3-1：投資商品を単純化して考えてみよう

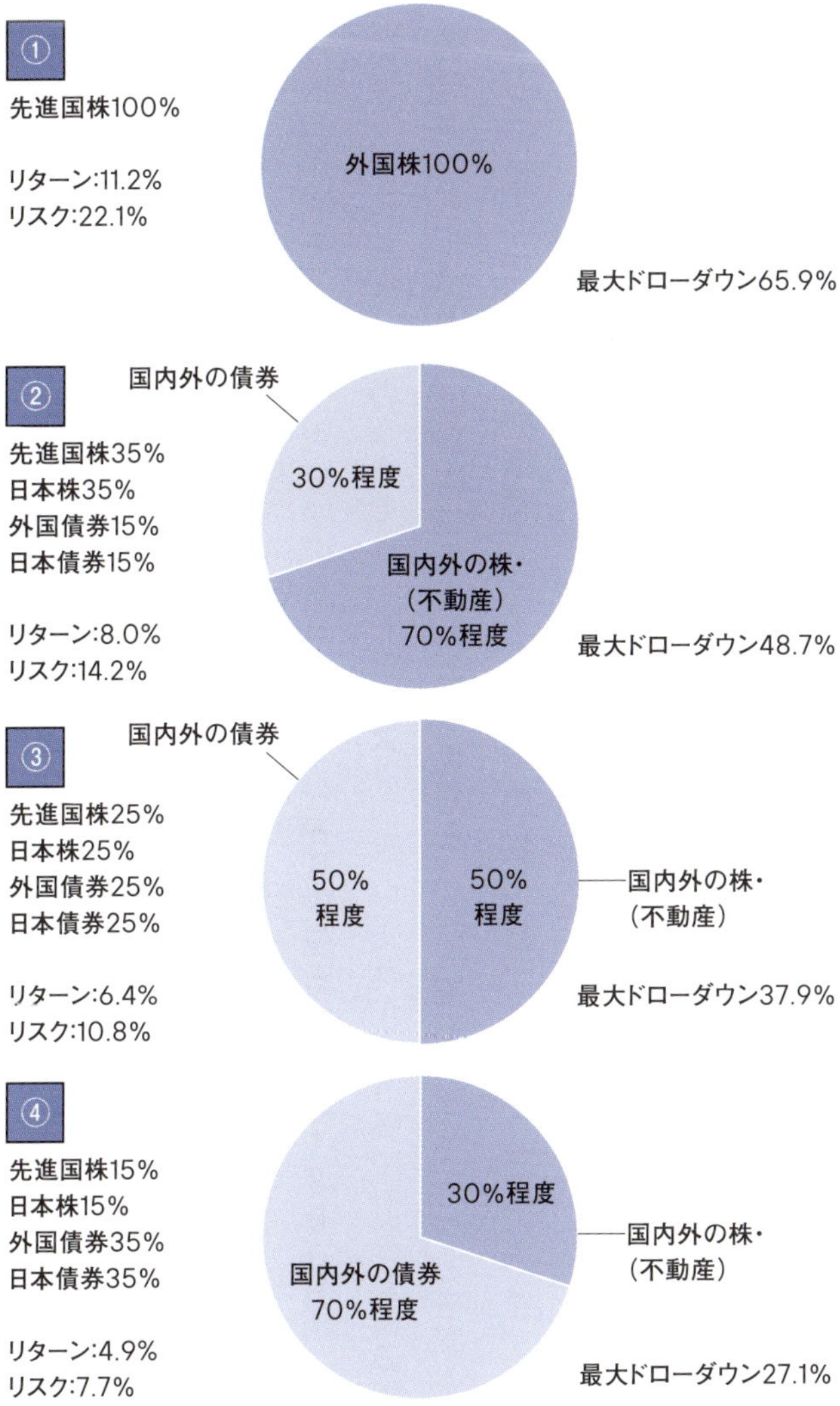

2001年10月17日〜2024年3月29日までの日次データを使用して試算
分配金は再投資、年1回リバランス

ケース1　月5万円を20年積立投資では実現困難

月5万円であれば積み立てできるという人は少なくありません。簡単ではないものの、なかなか現実的です。月5万円を20年間積立投資すると投資元本は5万円×12ヵ月×20年＝1200万円です。新NISAの非課税保有限度額1800万円を使い切っていません。この条件では、一番リスクの高い①株100％で計算してみても、**残念ながら1億円には到達しそうにありません。**実現確率10％でやっと7860・2万円以上、実現確率50％で3219・3万円以上と遠く及びません。ハイリスクの積立投資であることもあって、**元本割れ確率が8％台と高め**です（図3-2）。

もしも、月5万円、20年の積立投資で1億円を目指すには、もっと高いリスクを取る必要がありそうです。株式100％の投資信託を超えるためには基本的に個別株、しかも成長株を選りすぐることができれば希望はあるかもしれません。投資信託の積み立てで目指すなら、米国のNASDAQ100に連動するタイプのような、**より分散度合いが低くリスクの高い投資信託であれば可能性は高まります。**いずれにしても

図3-2：ケース1　月5万円を20年積み立て、運用（①株100%の場合）

運用期間	20年	リターン（年）	11.2%
毎月の積立額（期末）	5万円	リスク（年）	22.1%
積立期間	20年間	投資総額	1,200万円
投資商品	株100%		

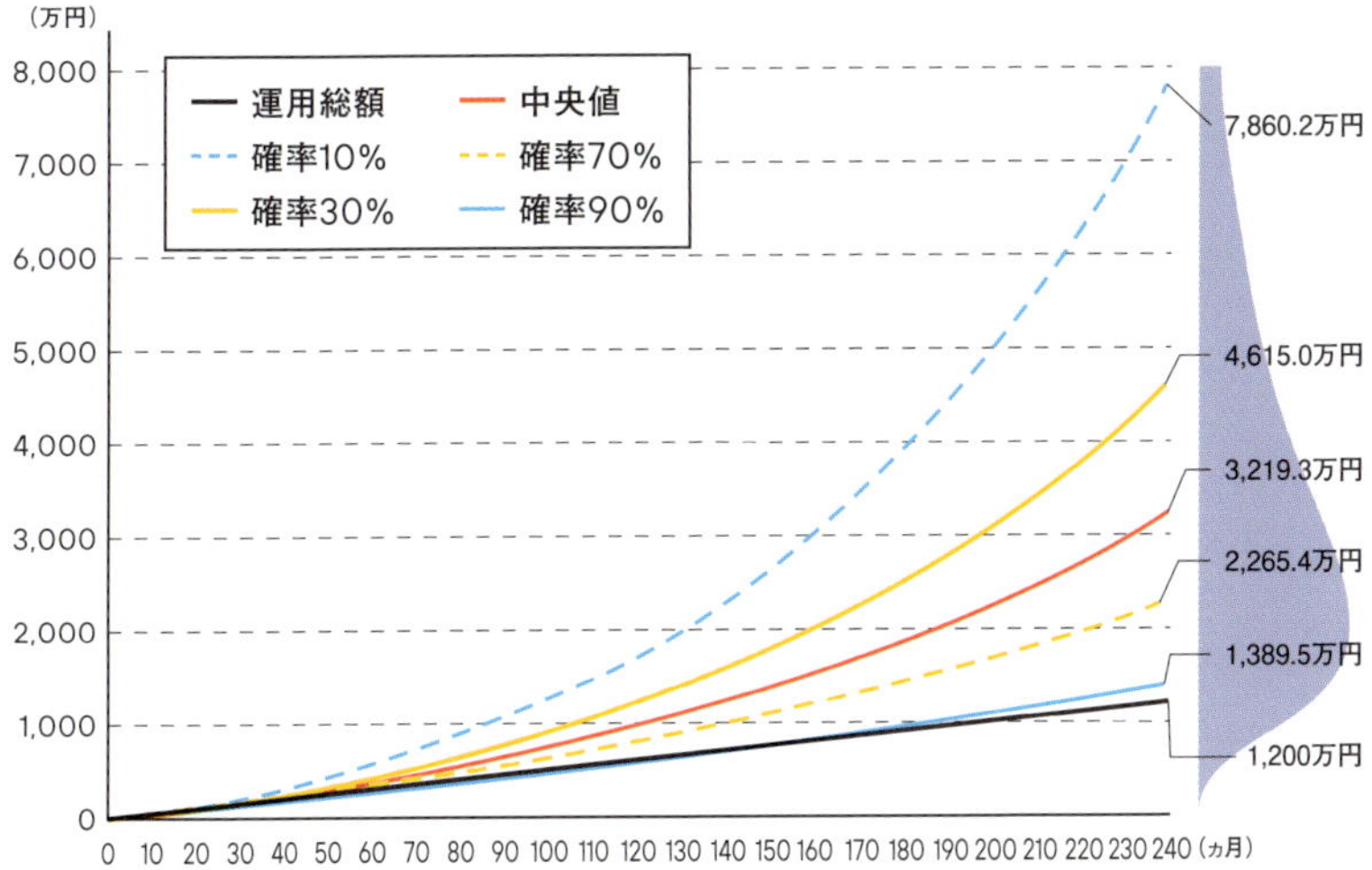

		運用結果	（中央値からの乖離）	収益率
元本割れ確率		8.1%		
実現確率	10%	7,860.2万円	4,640.9	555.0%
	20%	5,754.0万円	2,534.8	379.5%
	30%	4,615.0万円	1,395.7	284.6%
	40%	3,826.2万円	607	218.9%
（中央値）	50%	3,219.3万円	0.0	168.3%
	60%	2,714.1万円	-505.1	126.2%
	70%	2,265.4万円	-953.8	88.8%
	80%	1,842.2万円	-1,377.1	53.5%
	90%	1,389.5万円	-1,829.8	15.8%

リスクは各段に高くなり、元本割れの確率も当然高まりますので注意してください。

ケース2　月5万円、30年積立投資だと実現確率約40%

ではケース1の積み立て期間と運用期間を30年に延ばしてみましょう(図3−3)。投資元本は5万円×12ヵ月×30年=1800万円と新NISAの非課税保有限度額の上限いっぱいまで到達します。ここでも最もリスクの高い①**株100%で計算してみると、1億円の実現確率が約40%**とかなり希望の持てる結果となりました。

実現確率10%のものすごく運のいい人は、1800万円の15倍の2億7000万円以上という結果に。30年と期間が長いので、元本割れ確率も4・5%と、積み立て、運用期間が20年の場合の半分近くに下がります。ちなみに、②株70%:債券30%では1億円以上になる実現確率は20%弱と期待できないわけではないものの、期待薄な結果です。

このケースは20代、30代の方が50代、60代に達するまで、教育資金や住宅資金など

図3-3：ケース2　月5万円を30年積み立て、運用（①株100%の場合）

運用期間	30年間	リターン（年）	11.2%
毎月の積立額（期末）	5万円	リスク（年）	22.1%
積立期間	30年間	投資総額	1,800万円
投資商品	株100%		

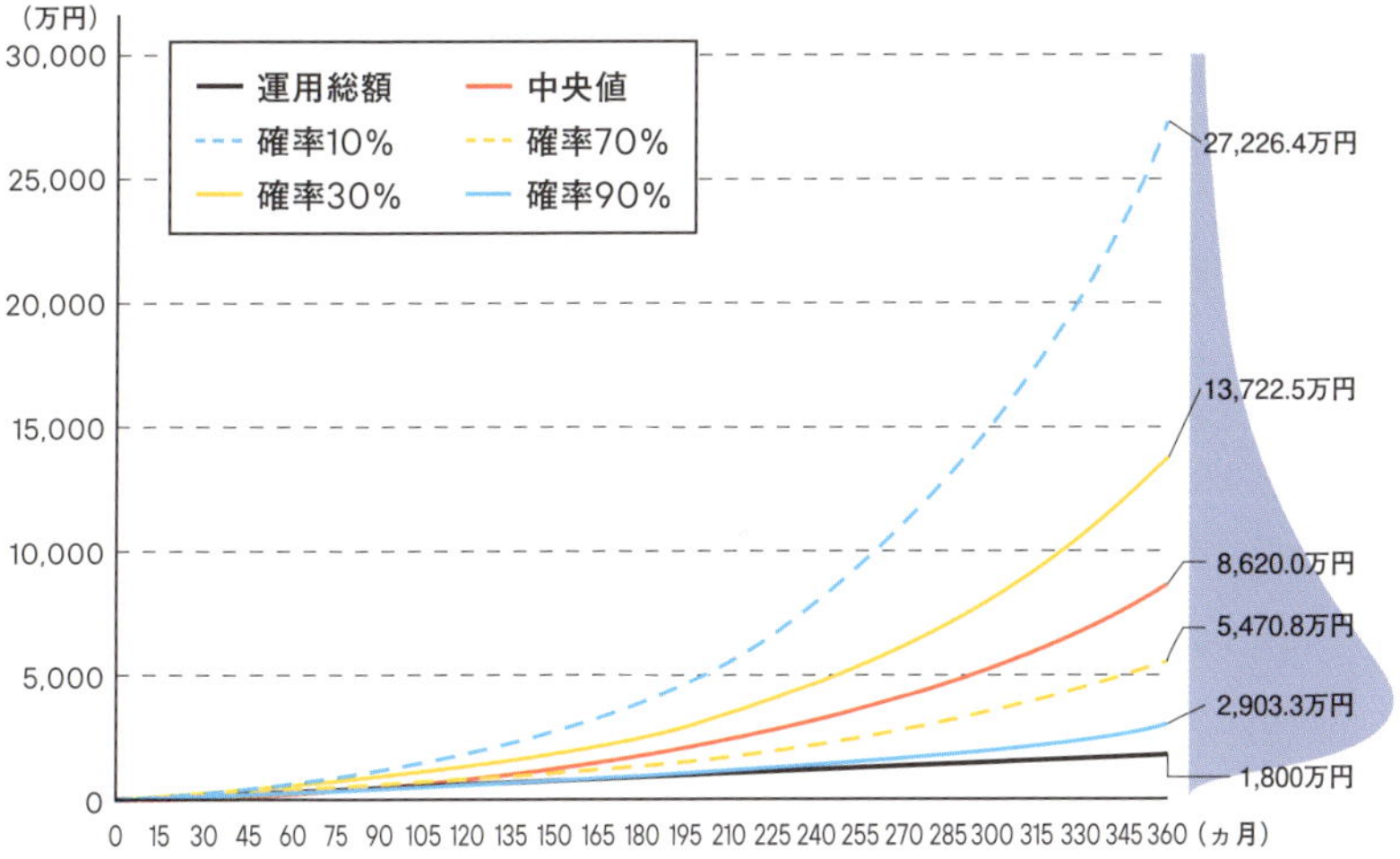

		運用結果	（中央値からの乖離）	収益率
元本割れ確率		4.5%		
実現確率	10%	27,226.4万円	18,606.4	1412.6%
	20%	18,232.4万円	9,612.4	912.9%
	30%	13,722.5万円	5,102.5	662.4%
	40%	10,774.8万円	2,154.8	498.6%
（中央値）	50%	8,620.0万円	0.0	378.9%
	60%	6,912.6万円	-1,707.4	284.0%
	70%	5,470.8万円	-3,149.2	203.9%
	80%	4,184.7万円	-4,435.2	132.5%
	90%	2,903.3万円	-5,716.7	61.3%

による取り崩しをせず、積立投資を継続することが前提になりますが、1億円は決して絵空事ではないことがわかります。**投資商品は先進国株インデックスファンドを前提**としていますが、**オルカンないしS&P500に連動するインデックスファンドなどでも同じような結果が期待できます。**

ケース3　月30万円を5年積み立て&20年運用なら可能性約40%

次に、まとまった資金のある方のケースを計算してみましょう。月30万円を5年間分割投資すると、最短で新NISAの非課税保有限度額の上限に到達します。積み立て終了後も運用を継続し、積み立て開始から20年間運用するという計算です。このケースは、運用期間が20年と短いですが、**①株100%の運用で1億円の実現確率が約40%**となりました（図3-4）。積み立て期間が5年と短いため、先ほどの積み立て期間30年のケース2よりも平均の運用期間が若干長くなります。そのため、元本割れ確率も3・2%と一段と下がっています。ちなみに、②株70%：債券30%では1億円の実現確率は20%弱と期待薄ですが、元本割れ確率は1・3%と低くなります。

図3-4：ケース3　月30万円を5年積み立て、20年運用（①株100%の場合）

運用期間	20年間	リターン（年）	11.2%
毎月の積立額（期末）	30万円	リスク（年）	22.1%
積立期間	5年間	投資総額	1,800万円
投資商品	株100%		

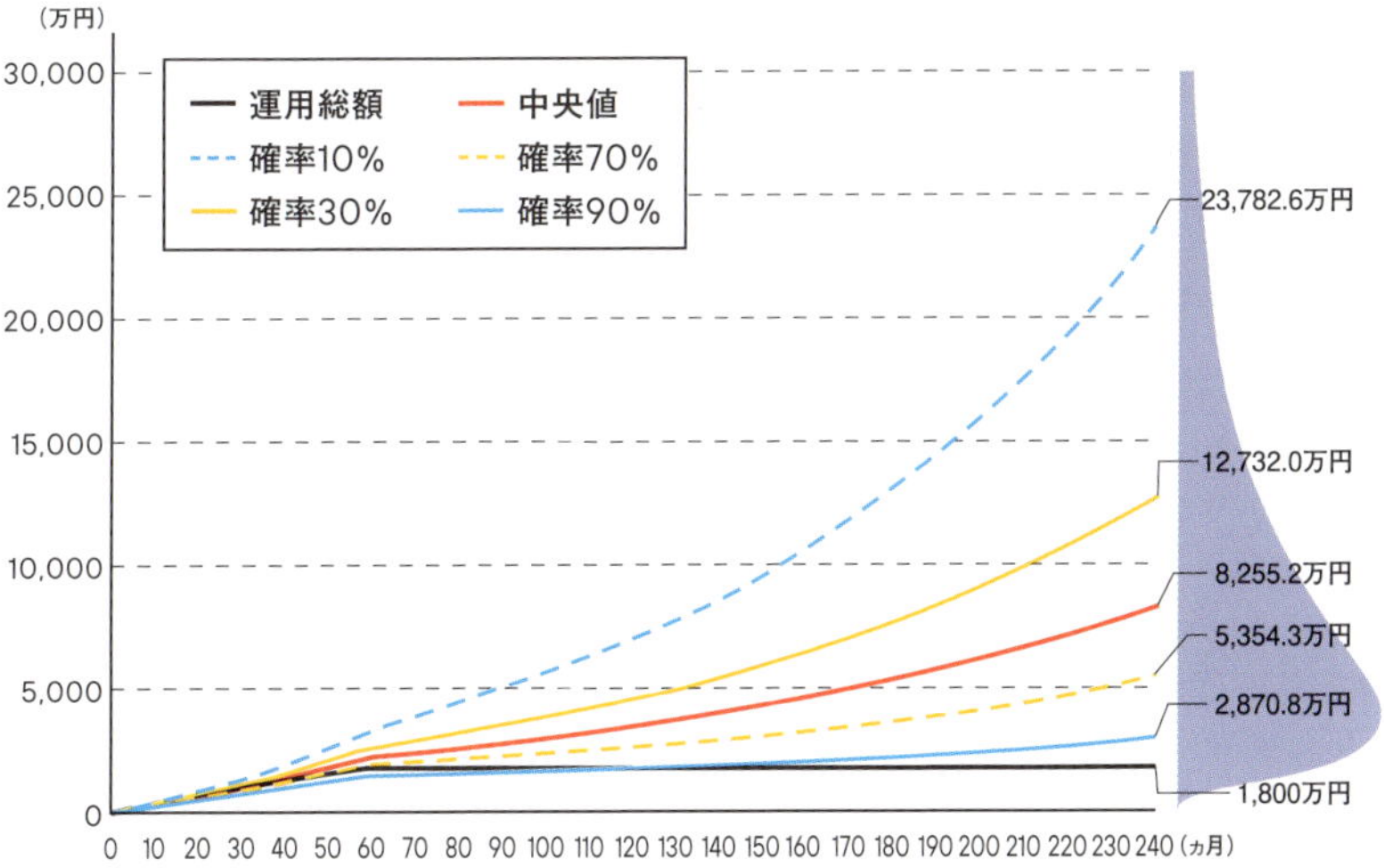

		運用結果	（中央値からの乖離）	収益率
元本割れ確率		3.2%		
実現確率	10%	23,782.6万円	15,527.4	1221.3%
	20%	16,527.4万円	8,272.2	818.2%
	30%	12,732.0万円	4,476.7	607.3%
	40%	10,174.1万円	1,918.8	465.2%
（中央値）	50%	8,255.2万円	0.0	358.6%
	60%	6,698.8万円	-1,556.4	272.2%
	70%	5,354.3万円	-2,901.0	197.5%
	80%	4,126.7万円	-4,128.5	129.3%
	90%	2,870.8万円	-5,384.4	59.4%

目の前にまとまった資産がないと、現実的ではない積み立て額ではありますが、共働きのパワーカップルなど高所得世帯であれば毎月30万円の積み立てができる人もいるかもしれません。40代で始めて、60代のうちに1億円に達するという可能性もあるということです。コンスタントに月々30万円の積立投資することが厳しければ、**月々の金額を減らしてボーナス時にまとまった額を投資するという手もあります。**

念のため繰り返しますが、実際の相場は山あり谷あり。株100％の場合、その谷がかなり深く、回復するまで長くなることも覚悟しなければなりません。先述した通り、2008年のリーマンショック時は、先進国株式は直近の最高値から約66％下落しました。それでも売却せずに投資を続けることで回復し、今は大きな利益を得られていることを覚えておきましょう。

ケース4　月30万円を5年積み立て＆30年運用なら可能性約70％

ケース3の月30万円、5年間の積み立てが可能な方が、運用期間を20年から30年に

図3-5:ケース4　月30万円を5年積み立て、30年運用(②株70%・債券30%)

運用期間	30年間	リターン(年)	8.0%
毎月の積立額(期末)	30万円	リスク(年)	14.2%
積立期間	5年間	投資総額	1,800万円
投資商品	株70%・債券30%		

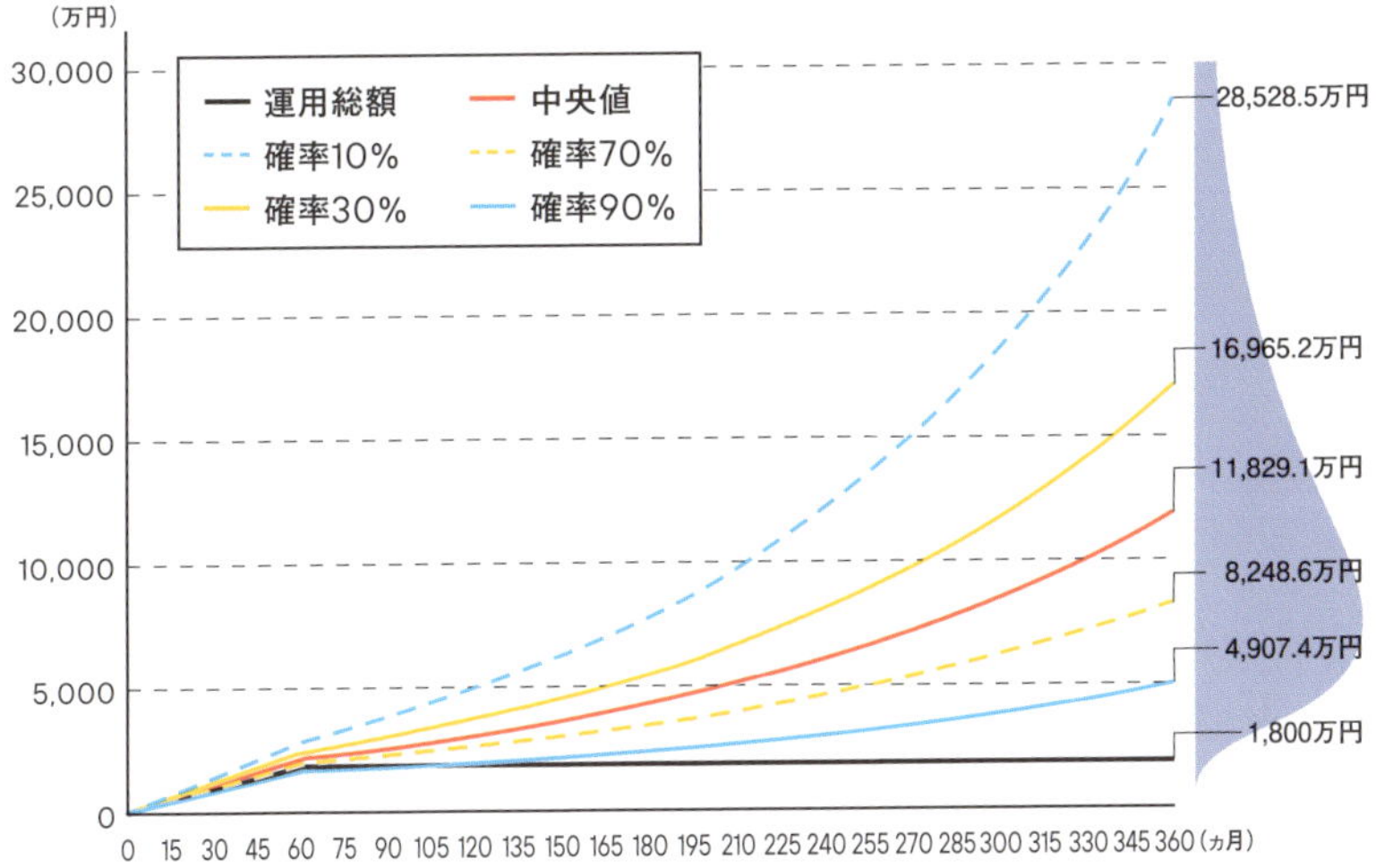

		運用結果	(中央値からの乖離)	収益率
元本割れ確率		0.3%		
実現確率	10%	28,528.5万円	16,699.4	1484.9%
	20%	21,077.9万円	9,248.8	1071.0%
	30%	16,965.2万円	5,136.1	842.5%
	40%	14,076.8万円	2,247.7	682.0%
(中央値)	50%	11,829.1万円	0.0	557.2%
	60%	9,940.5万円	-1,888.6	452.3%
	70%	8,248.6万円	-3,580.4	358.3%
	80%	6,640.1万円	-5,189.0	268.9%
	90%	4,907.4万円	-6,921.7	172.6%

長くすると、１億円の実現確率がグッと上がります。**①株１００％であれば実現確率は約70％、②株70％：債券30％で実現確率は約50％**（前ページ図３-５）、**③株50％：債券50％でも実現確率は約40％**と、よりリスクを抑えた運用でも高い確率で実現を目指せるという結果となりました。さすがに④株30％：債券70％にまでリスクを落とすと実現確率は約10％とほとんど期待できないレベルまで下がります。ちなみに、元本割れ確率はいずれも１％前後とほぼ無視できるレベルにまで下がります。

相場の上げ下げによる心理的負担に耐えられるなら①株１００％で運用するのが合理的といえそうです。このケースは運用期間が30年と長い分、**ライフイベントによる資金需要があっても途中で取り崩しはしないという割り切りが必要**です。

ケース５　月10万円を15年積み立て＆30年運用なら実現確率約60％

積み立て額を月10万円まで頑張り、当初の15年間積立投資し、積み立て開始から計30年間運用するケースです。月10万円を15年間積立投資すると投資元本は新ＮＩＳＡ

図3-6：ケース5　月10万円を15年積み立て、30年運用（②株70%・債券30%）

運用期間	30年間	リターン（年）	8.0%
毎月の積立額（期末）	10万円	リスク（年）	14.2%
積立期間	15年間	投資総額	1,800万円
投資商品	株70%・債券30%		

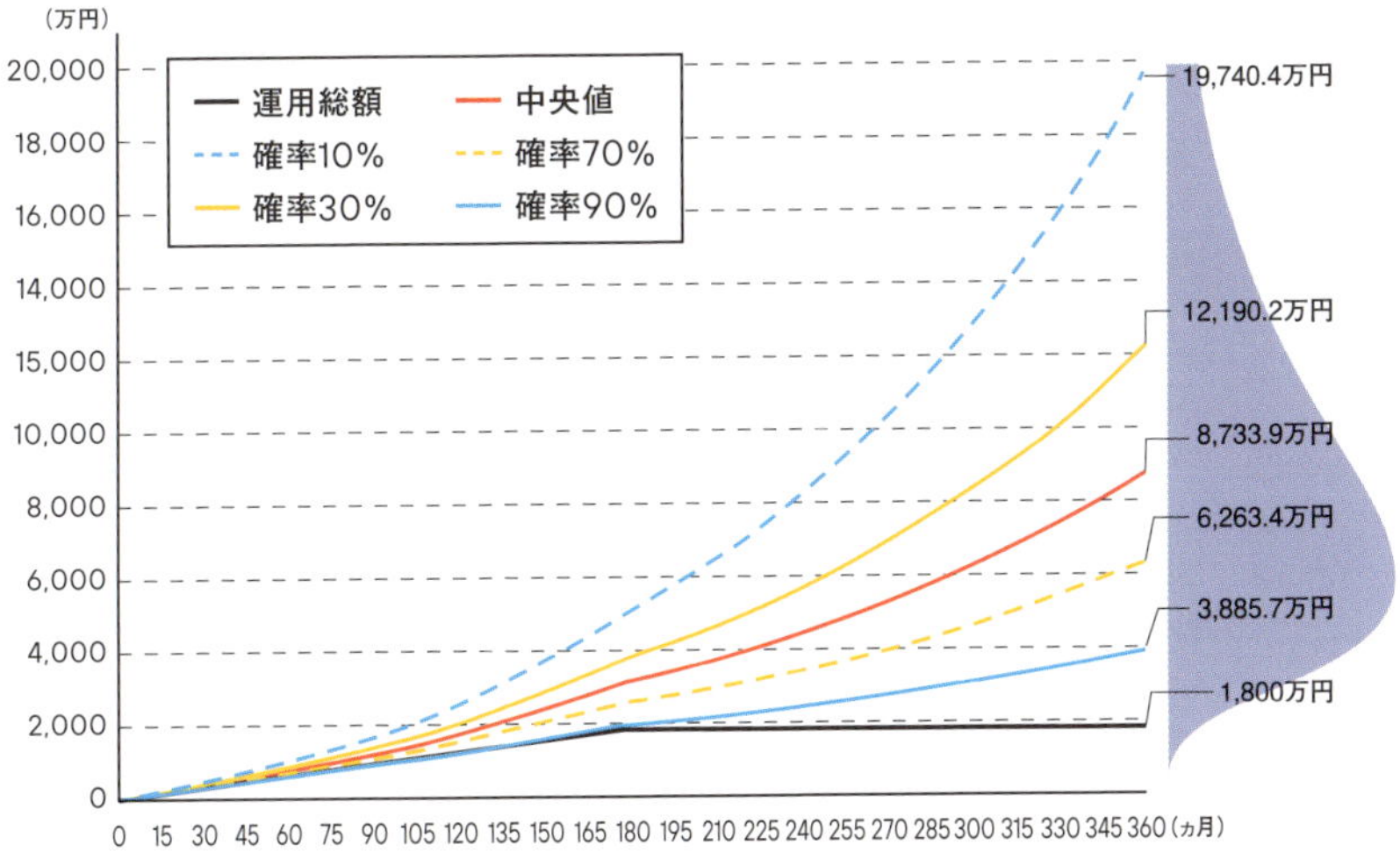

		運用結果	（中央値からの乖離）	収益率
元本割れ確率		0.6%		
実現確率	10%	19,740.4万円	11,006.6	996.7%
	20%	14,905.7万円	6,171.8	728.1%
	30%	12,190.2万円	3,456.3	577.2%
	40%	10,257.0万円	1,523.1	469.8%
（中央値）	50%	8,733.9万円	0.0	385.2%
	60%	7,438.6万円	-1,295.3	313.3%
	70%	6,263.4万円	-2,470.5	248.0%
	80%	5,129.8万円	-3,604.1	185.0%
	90%	3,885.7万円	-4,848.2	115.9%

の非課税保有限度額の上限いっぱいの1800万円まで到達します。1億円の実現確率はケース4より下がりますが①**株100%であれば実現確率は約60%、②株70%：債券30%で実現確率は約40%**（前ページ図3-6）と期待が持てる結果です。③株50%：債券50%までリスクを下げると実現確率は20%まで下がります。

ケース6　夫婦それぞれが月5万円ずつ30年積立投資なら可能性約70%

NISAは個人単位で非課税枠が設けられます。そのため、**夫婦それぞれの非課税保有限度額を合わせると、1800万円×2＝3600万円と大きく広がります。**この非課税枠を目一杯活用してみましょう。夫婦それぞれ月5万円ずつ30年間にわたり積立投資をするケースです。この条件であれば月30万円積み立てるケース4並みに1億円の実現確率がグッと上がります。①**株100%であれば実現確率は約70%、②株70%：債券30%で実現確率は約60%、③株50%：債券50%でも実現確率は約40%**（図3-7）と、リスクを抑えた運用でも高い確率で実現を目指せる結果となりました。このケースでも、さすがに④株30%：債券70%にまでリスクを落とすと、実現確率は約

図3-7：ケース6　夫婦それぞれが月5万円を30年積み立て、運用（③株50%・債券50%）

運用期間	30年間
毎月の積立額（期末）	2人で10万円
積立期間	30年間
投資商品	株50%・債券50%

リターン（年）	6.4%
リスク（年）	10.8%
投資総額	3,600万円

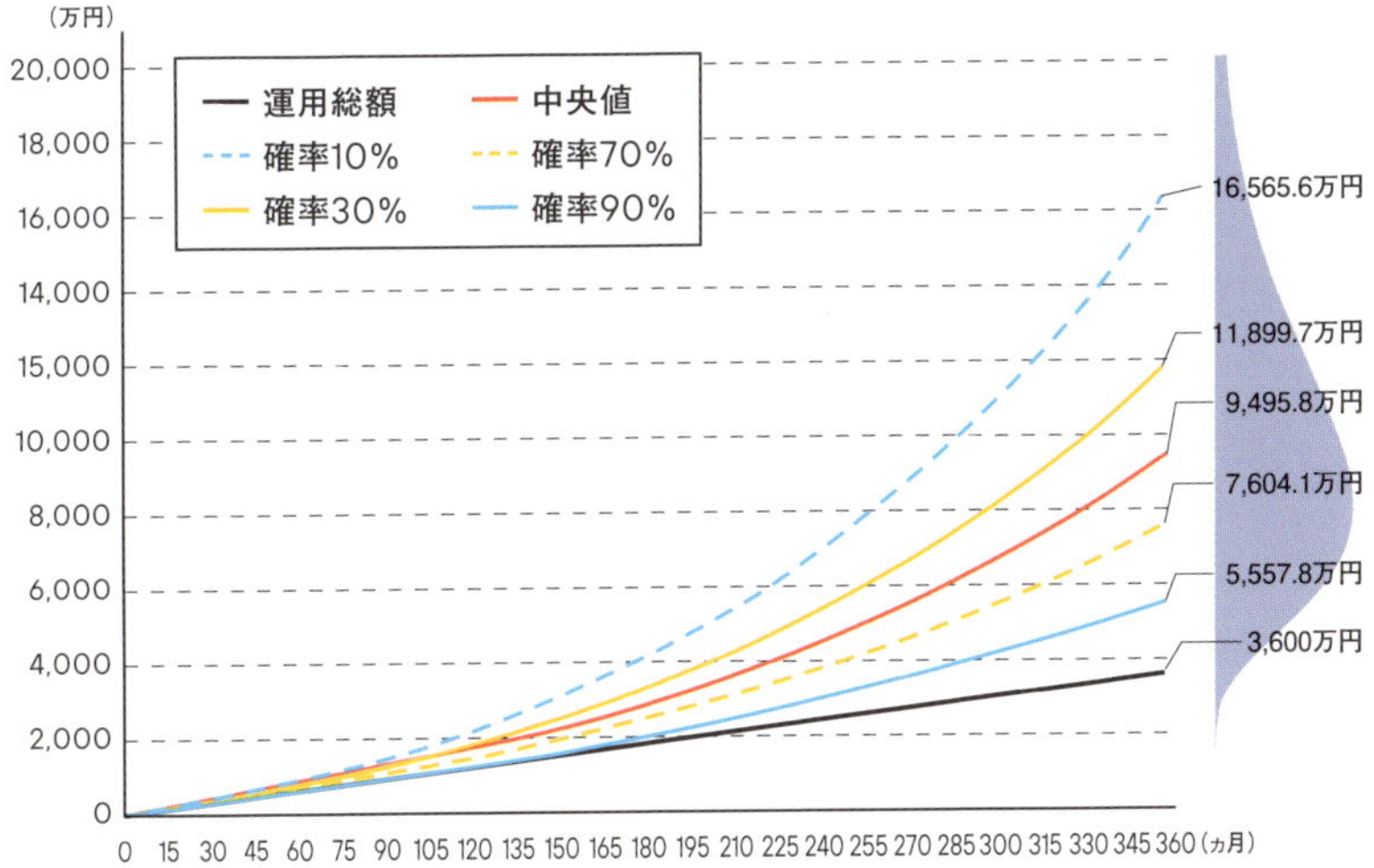

		運用結果	（中央値からの乖離）	収益率
元本割れ確率		1.2%		
実現確率	10%	16,565.6万円	7,069.8	360.2%
	20%	13,652.2万円	4,156.5	279.2%
	30%	11,899.7万円	2,403.9	230.5%
	40%	10,583.5万円	1,087.7	194.0%
（中央値）	50%	9,495.8万円	0.0	163.8%
	60%	8,526.8万円	-969.0	136.9%
	70%	7,604.1万円	-1,891.7	111.2%
	80%	6,644.3万円	-2,831.5	85.1%
	90%	5,557.8万円	-3,938.0	54.4%

20％と期待薄なレベルまで下がりました。**1億円という大きな目標を目指すなら、ある程度リスクを取らないと実現は難しい**ということです。

以上、6つのケースをそれぞれ試算してみました。思っていたよりも、1億円をつくることは現実味があると感じられたのではないでしょうか。**ただし、ここでのシミュレーションは机上の計算でしかありません。**現実的にはこうした金額を積み立て続けることは簡単ではありません。また、人生の中ではまとまった資金が必要なライフイベントはたくさん訪れます。それでも取り崩さずに運用を続けなければ到達しません。効率的に資産形成しようと思えば、**生活に支障を来たさぬ資金計画が大切**です。

これらを踏まえて、最後の第4章でいよいよ世代・ケース別のおすすめ新ＮＩＳＡ活用プランをご紹介しましょう。

この章のまとめ

ケース	投資月額（万円）	積立年数（年）	投資元本合計（万円）	運用年数（年）	
ケース 1	5	20	1,200	20	月5万円×20年コツコツ投資では元本が1200万円と少ないのもあるが、リスクを取っても1億円に到達する可能性は低い。元本割れリスクも比較的高いため、工夫が必要。
ケース 2	5	30	1,800	30	月5万円でもそのまま30年間積み立てれば、計算上は1億円到達の可能性が高まる。30年と投資期間が長いので元本割れリスクも低くなる。
ケース 3	30	5	1,800	20	外国株100%で月30万円積み立てられるなら、最短5年で積み立てることで20年程度で1億円に到達する可能性が高まる。短期に積み立てることで元本割れリスクも低くなる。
ケース 4	30	5	1,800	30	月30万円積み立てられて30年の運用期間を許容できるなら、株70%でも1億円到達の確率が高くなる。元本割れリスクもほぼゼロに。
ケース 5	10	15	1,800	30	月10万円程度積み立てが可能ならば15年で積み立てて、30年運用することで株70%でも1億円到達の確率が高くなる。積み立て額が大きくないので、実現できる人は多いかも。
ケース 6	10（2人で）	30	3,600	30	夫婦で考えれば非課税枠を倍の3600万円まで使える。夫婦それぞれ月5万円を30年積立投資するなら、株50%までリスクを減らしても1億円に到達する確率が高くなる。

第4章

世代・
ケース別
新NISA活用プラン

Q

20代・30代の投資はどれが正解？

A リターン重視で株式100％がいい

B しっかり分散投資すべき

C ライフプランによって変わる

A

C

ライフプランによって変わる

若い世代は長い期間をかけて運用できるのであれば、リターン重視で株式100％で投資するのは効果的です。ただし、教育費や住宅取得など大きなお金が必要なライフイベントが多くなると、運用期間を長く取りにくくなります。その場合は、しっかり分散投資したほうがよい結果が期待できます。

世代別シミュレーション

いよいよ世代・ケース別のシミュレーションに入ります。世代ごとに、ケースを想定しました。

投資商品としては第3章と同様に、①株100%、②株70%：債券30%、③株50%：債券50%、④株30%：債券70%の配分の投資信託4種類に限定し単純化します（P.97図3-1）。ケースごとに、どの資産配分にするのが適切なのかを考えていきます。

どの配分にすべきかは、その人の**リスクの許容度や、年齢、ライフイベントの有無などに左右されます**。株式の割合が高くなるほど、期待されるリターンは高くなり、リスクも高くなります。投資期間を長くとりやすい若い人ほどリスクを取りやすいですし、高齢になるほど運用できる期間も短くなりやすいのでリスクは低めにすべきです。とはいえ、若い人でもマイホーム購入や教育費などでお金を使うため、長期間運用できるとは限りません。運用期間に合わせてリスクを低くすべきです。高齢者でも人生100年時代だから20年、30年運用する、という方であれば、積極的にリスクを取るのは問題ありません。

基本的にはこのような考え方を元に、世代ごとに適した資産配分を当てはめたのが図4-1です。

資産形成の武器「時間」

適切な資産配分を考えるにあたり、まずは**投資する方の年代が重要**です。若ければ若いほど、長い期間にわたって投資できる可能性が高いでしょう。逆に、年齢が高くなるほど人生の残り時間は短くなるので、投資期間は短くなりやすいでしょう。

ただ、投資できる期間はそんな単純な話では決められません。例えば、子どもがいる場合、単身者に比べ住宅購入や教育といったライフイベントが多く、まとまった資金需要が頻繁に発生するでしょう。資産運用は、基本的にお金を使うときまでしか続けられません。**若くても長期間の投資ができないこともある**のです。**単身者かどうか**

図4-1：世代別おすすめ投資ポートフォリオ

リターン追求型 ／ リスクを抑えたい人

20〜30代

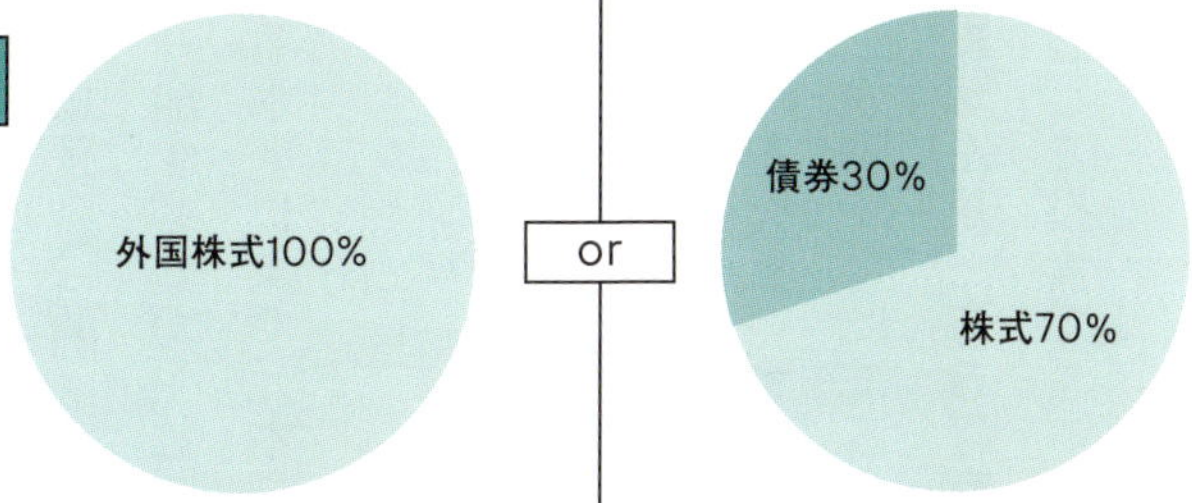

投資推奨期間	リターン追求型		リスクを抑えたい人	
	一括投資	14年以上	一括投資	10年以上
	積立投資	29年以上	積立投資	19年以上

40〜50代

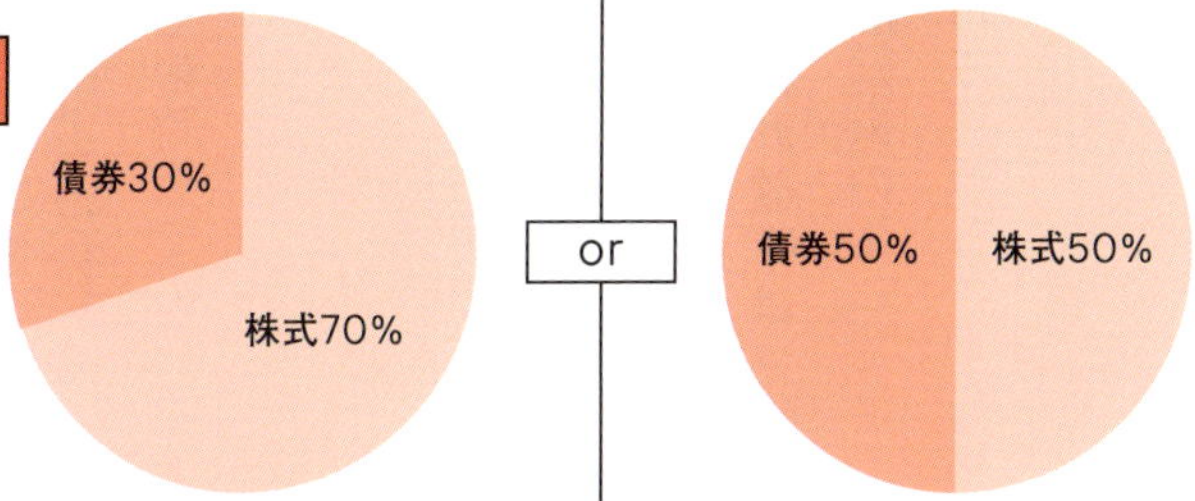

投資推奨期間	リターン追求型		リスクを抑えたい人	
	一括投資	10年以上	一括投資	9年以上
	積立投資	19年以上	積立投資	16年以上

60代以上

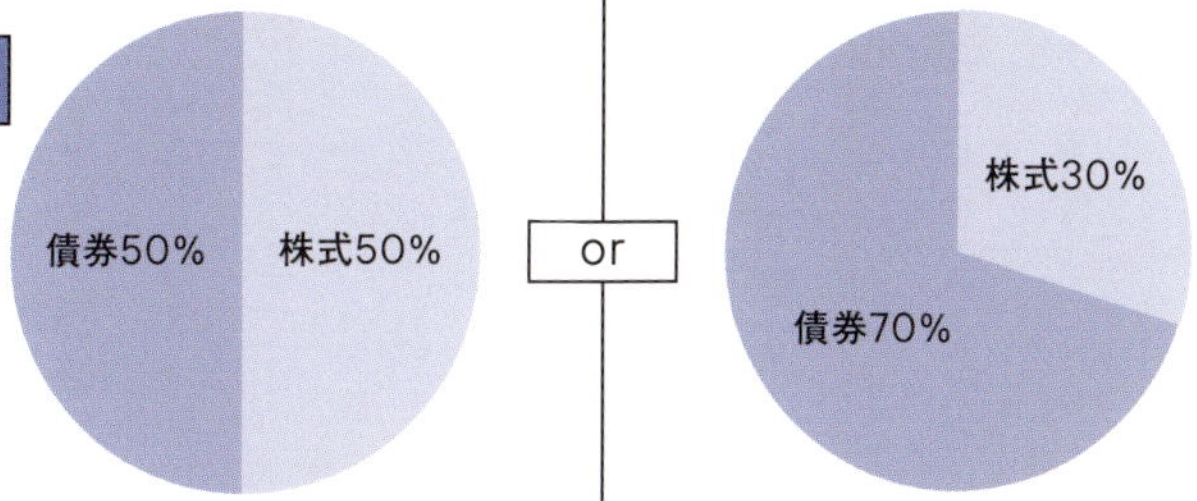

投資推奨期間	リターン追求型		リスクを抑えたい人	
	一括投資	9年以上	一括投資	8年以上
	積立投資	16年以上	積立投資	14年以上

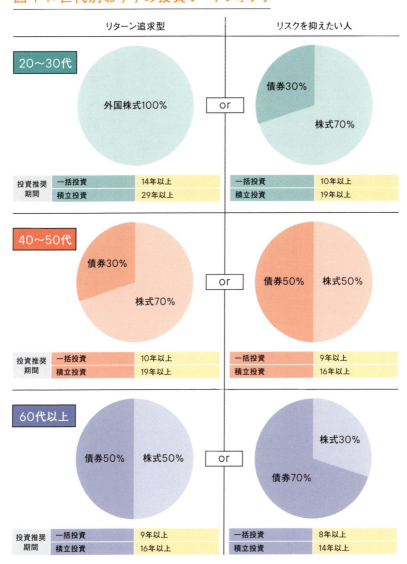

だけでなく、子がいるか、いないかは大きく変わる要素です。

第2章で見た通り、**積立投資の元本割れ確率が低下するには時間がかかります。**(P.73図2-12参照)。例えば、教育費を積立投資で準備する場合のように、15年目あたりで取り崩す必要が生じるなら、その時点での元本割れ確率が気になるはずです。安心できる水準にまで元本割れ確率が下がるような配分を選んで投資すべきです。

一括投資での元本割れ確率が下がる様子を、投資配分ごとに見てみましょう。①株100％の場合、元本割れ確率が5％を下回るまで14年、②株70％：債券30％なら10年、③株50％：債券50％なら9年、④株30％：債券70％なら8年と**株の比率を小さく、債券の比率を大きくするほど、元本割れ確率は短い期間で低下していきます**(図4-2)。これが分散投資によるリスク分散効果の1つです。**元本割れ確率を0％にすることはできませんが、ある程度の水準まで下がることを目安にすべき**です。私たちはある程度安心して投資できる水準を**5％以下**と決めてアドバイスしています。

積立投資をする場合、元本割れ確率が5％以下になるまでの年数は一括投資の場合

図4-2：資産配分別の元本割れ確率の推移（一括投資の場合）

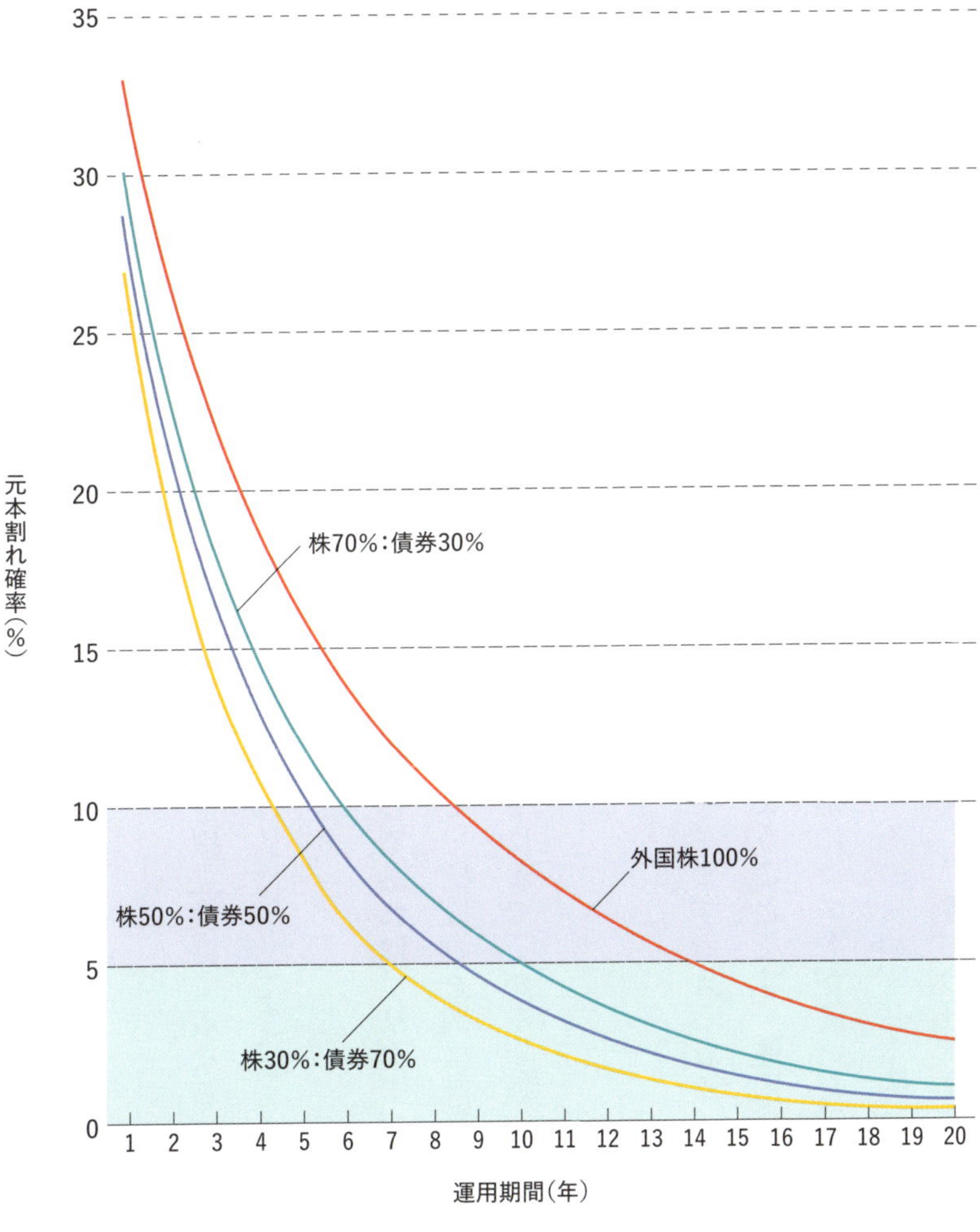

の約2倍かかります。具体的には、①株100%なら約29年、②株70%：債券30%なら19年、③株50%：債券50%なら16年、④株30%：債券70%なら14年かかります。

ということは、教育費のように15～18年先に必要なお金を積立投資するなら、③株50%：債券50%や、④株30%：債券70%あたりまでリスクを下げたほうがよさそうです。

元本割れ確率が低下するスピードは、リスクの高さが同じであれば、リターンが低くなるほど長期化してしまいます。例えば、①株100%で一括投資を例に計算すると、リターンが2%下がった場合、元本割れ確率が5%以下にまで下がる年数が14年から24年に延びてしまうので注意しましょう（図4－3）。

こうしたリターンの低下は、次のような原因で発生します。まず考えられるのが**投資信託の信託報酬などの運用コストの高い商品を選んでしまうこと**です。運用コストをかけてもリターンがより高くなるならいいのですが、単純にコストが高いだけだと市場から得られるはずのリターンから削られてしまいます。そのため、基本的には運用コストの低い投資信託などを選ぶほうがよくなります。次に、**各国の経済成長が鈍**

図4-3：リスクが同じなのに、リターンが低下すると元本割れ確率が低下するのにより時間がかかる

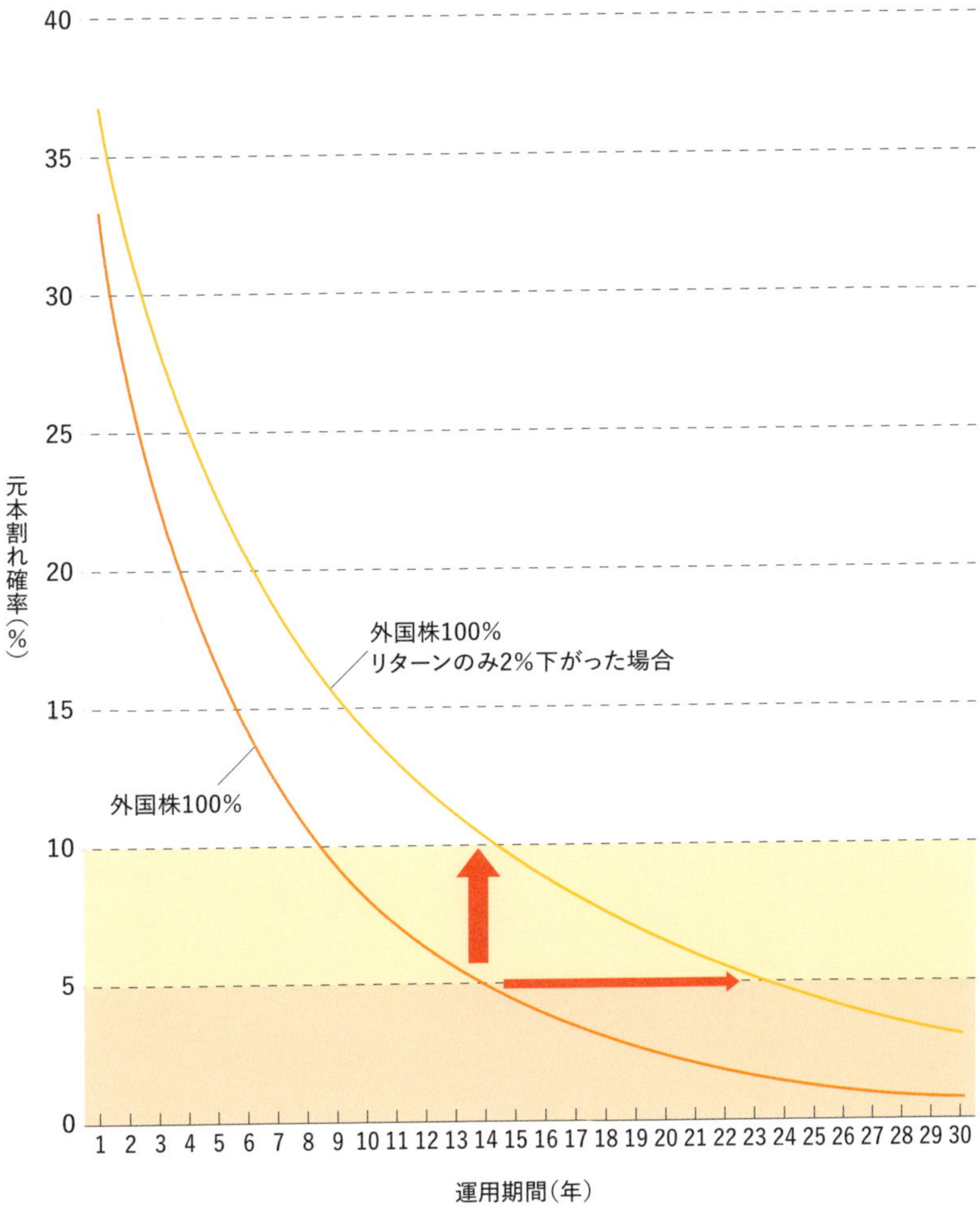

化することも要注意です。**本書のシミュレーションは過去の実績データを元に計算しています。**過去と将来は同じではありません。国の経済は成熟するにつれ成長が鈍化しやすいことが知られています。これまで急激な経済成長を見せてきた国々でも、今後も同じぐらいの速度で成長し続ける保証はまったくありません。

それでは、ここから世代別に、自分にあった資産配分を見つけるポイントを解説していきましょう。

(1)20~30代

資産運用では「元本の大きさ」と「運用時間の長さ」の2つが武器になります。年齢が若いと、投資できる資金は少ないかもしれませんが、上の世代に比べ時間があることが強みです。**投資資金が少ないなら積立投資でコツコツ資産形成しましょう。**小さなお金でも長い期間をかけて積立投資すれば、元本が積み上がるだけでなく、運用益も大きくなることが期待できます。

まず、投資の目的から考えましょう。老後資金をつくることが目的なら、30年、40年の長期投資をすることになるので、リターン重視で①株100％での運用でも元本割れ確率が十分に小さくなります。

ただ、実際には思ったほど長期の投資は、できないかもしれません。例えば結婚をしてお子さんが生まれたら、**投資期間の途中で住宅取得や教育等の色々なライフイベントでまとまったお金を使う可能性が高まります。**

ですから、調子に乗ってリスクを取りすぎると、お金を使いたいときに元本割れを起こしていて、途中で取り崩したくないからお金を借りる……という事態に陥ってしまうこともあり得ます。**〝リスクの取りすぎ〟には十分注意してください。**

将来はどうなるかわからないものの、大きなお金を使うライフイベントがあるかもしれないと考えるなら**ある程度リスクを抑えることも検討しましょう。**②株70％：債券30％でも、①株100％に比べると元本割れ確率は早く低下していきます。株の比率が高いほど、景気後退や株式市場の暴落などが起こったときの下落が深くなることは覚悟する必要がありますが、①株１００％よりは下落が浅くなりやすいので、心理的にも余裕が生じるはずです。

お子さんがいる方は、お金のかかるライフイベントが高い確率で生じます。ですから、老後資金形成を目的とした投資に大きな金額を割り振りにくくなるはずです。将来の子どもの教育資金は、生まれたときから積み立てたとしても、15～20年程度しか運用することはできません。教育資金の積み立てといえば学資保険と考える人も多いでしょう。でも、学資保険では資金は大きく増えません。では、資産運用シミュレーターで学資保険と積立投資のどちらが有利そうか見てみましょう。

低金利環境下ということもあり、最近の学資保険の返戻率は条件のよいもので１・１倍程度です。また、学資保険には保険料の払込期間中に契約者が死亡すれば保険料払込免除という保険機能もあり、**確実に教育資金を準備できるメリットがあります。**

では、学費の準備のために①株１００％を使って18年間月１万円の積立投資をしたとしましょう。**90％近い実現確率で１・１倍以上**に、そして**実現確率50％で見ると**

2・4倍以上になると計算されます。こう見ると、積立投資には学資保険のような保険機能はないものの、新NISAを活用し積立投資で教育費を準備したほうがよさそうに見えます。

ただ、**積立投資では元本割れ確率が高めになります。**①株100％を使った場合の18年後の元本割れ確率は約9％残ります。もしも、元本割れ確率が気になるなら、**分散投資をして元本割れ確率を小さくすることも検討しましょう。**③株50％：債券50％で積立投資するなら18年後の元本割れ確率は約4％にまで小さくなり、90％の実現確率で1・17倍以上になる計算です（次ページ図4－4）。

こうした**イベント資金の多くは、ある程度お金を必要とする時期がわかっているので、攻め一辺倒では資金準備に失敗する確率を高めます。**攻めだけでなく守りも考慮すべきです。例えば、住宅購入の頭金を20年がかりで悠長に積み立ててもいられません。それなのに株100％で強気に運用したら、うまくいけばいいけれども、失敗したら家が買えなくなる可能性も出てきます。そんなリスクは誰も負いたくないでしょう。

図4-4：年リターン6.4%・年リスク10.8%で月1万円を18年間積立投資（③株50%・債券50%）

投資総額　216万円

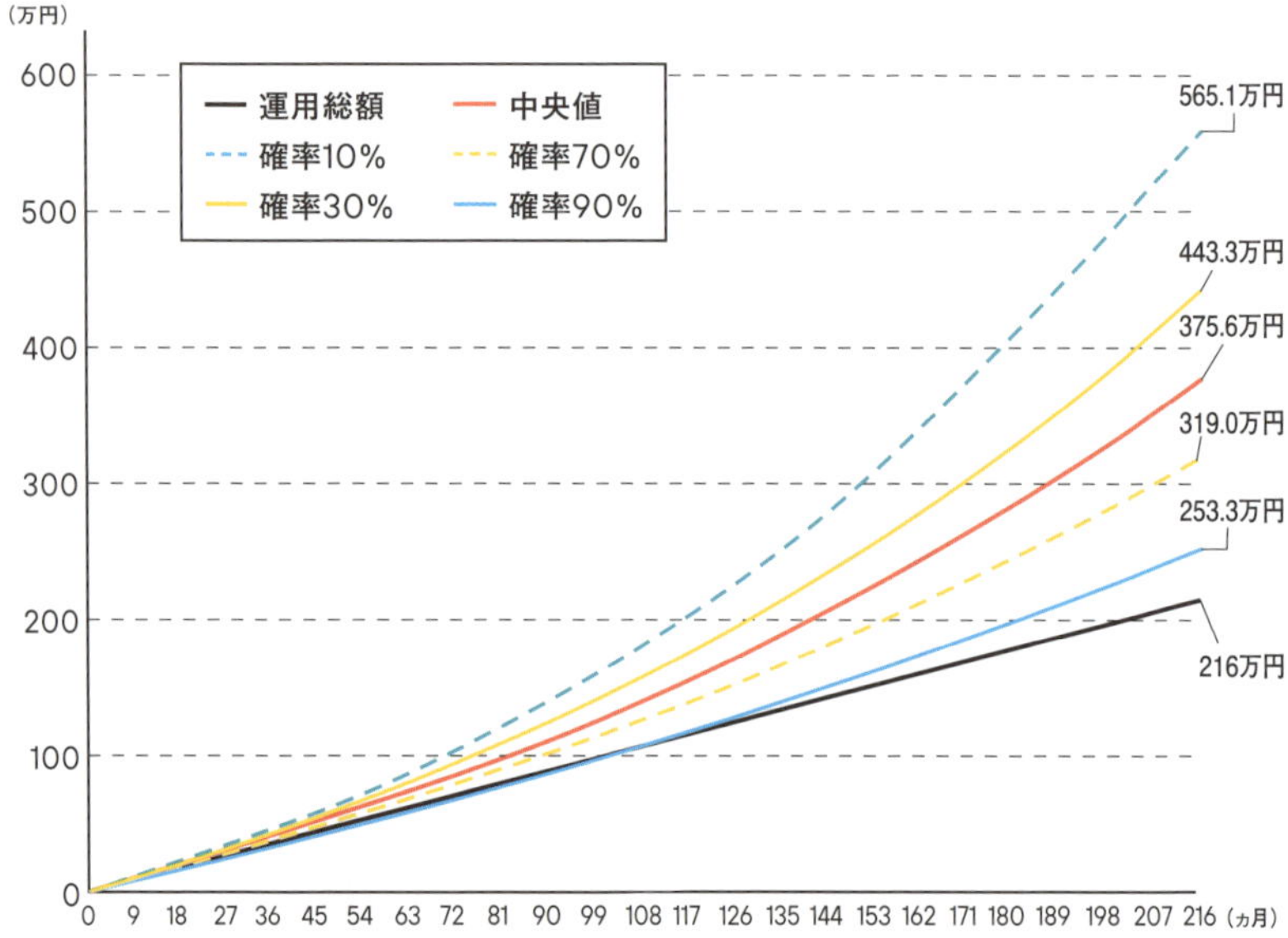

		運用結果		収益率
元本割れ確率		3.9%		
			（中央値からの乖離）	
実現確率	10%	565.1万円	189.5	161.6%
	20%	490.3万円	114.7	127.0%
	30%	443.3万円	67.7	105.2%
	40%	406.7万円	31.1	88.3%
（中央値）	50%	375.6万円	0.0	73.9%
	60%	347.0万円	-28.6	60.7%
	70%	319.0万円	-56.6	47.7%
	80%	289.5万円	-86.1	34.0%
	90%	253.3万円	-122.3	17.3%

住宅の相場は、株の相場とほぼ連動します。株価が値上がりするときは不動産も上がり、株価が値下がるときは不動産も下がりやすい。株の運用がうまくいっているときに住宅を買おうとすると不動産も高いのです。かといって、不動産が安いから買おうというときは、えてして株価も下がっていることが多いので、注意が必要です。

(2) 40～50代

この世代で子どもがおらず、この先も生まれることはないとすると、資産運用の目的は老後資金形成が中心になるでしょう。50歳からでも70歳までに20年の投資期間を見ることができます。もしも、ある程度のまとまったお金を持っていて、そのお金の**一括投資を考えているなら、リターン重視で①株100%に投資でも元本割れ確率が5%以下にまで下がります。**

一方で、これからコツコツ積み立てて老後資金をつくるなら、株100%はリスクの取りすぎかもしれません。**リスクを取るとしても②株70%：債券30%までに抑えておいたほうが無難でしょう。**

もちろん、まとまったお金

をお持ちであれば、②株70％：債券30％への一括投資は運用期間10年程度で元本割れ確率は5％を割りますので、50歳後半の方でも投資しやすいでしょう。

お子さんをお持ちの方は、教育資金の負担に加えて住宅ローンも返済の真っ只中。どうしても目の前の資金繰りで精いっぱい。投資どころではない、という方も多いでしょう。数年以内に取り崩す予定のお金を投資することは、うまくいけばいいですが、元本割れ確率はどうしても高くなります。**5～6年程度先までに使うお金は投資せず、預貯金などで流動性を確保しながら安全に運用したいところです。**

このように**投資しないという選択肢もあります。**お金が手元にあると運用しないといけない、と義務のように感じる人もいます。でも、お金は必要なときに使える状態にしておくことが大事です。**預貯金口座に置いておくということも、立派な投資判断**です。大切なことです。

もちろん、手元に大きなお金を持っているなら、失敗しても何とかなるかもしれません。その場合、比較的短い運用期間しか見込めないときにでも一括投資でリスクを取ってよいでしょう。元本割れ確率は③株50％：債券50％の一括投資なら9年で5％を切ります。次ページ図4-5の「推奨投資期間」（元本割れ確率が5％を切るまでに必要な期間）を参考にしてください。

（3）60代以上

60代以上なら、ほとんどの方は自分もしくは自分たち夫婦の生活だけ考えればよいという状況でしょう。配偶者の有無もあまり関係ありません。この世代で多くなるのは、手元にあるまとまった資金の一括投資です。

一括投資の元本はあっても、時間が十分にない、という世代です。そのため、**ここからコツコツと積立投資して老後資金を準備するというのは難しくなります。**積立投資だと元本割れ確率が5％を切るのが16年後、18年後とずっと先になりますし、そもそも収入が激減する時期だからです。それでも積立投資を選択するなら、そこを踏まえておく必要がありますし、③株50％：債券50％、④株30％：債券70％の投資商品を活用し、できるだけリスクを抑えましょう。

図4-5:年代・家族構成別ポートフォリオまとめ

	子ども	投資スタイル	リスク覚悟でリターン追及	推奨投資期間	ある程度リスクを抑えたい	推奨投資期間	長期間投資できないお金	推奨投資期間
20~30代	なし	一括	外国株100%	14年以上	株70%:債券30%	10年以上		
		積立	外国株100%	29年以上	株70%:債券30%	19年以上		
	あり	一括	外国株100%	14年以上	株70%:債券30%	10年以上	株50%:債券50%	9年以上
		積立	外国株100%	29年以上	株70%:債券30%	19年以上	株50%:債券50%	16年以上
40~50代	なし	一括	株70%:債券30%	10年以上	株50%:債券50%	9年以上		
		積立	株70%:債券30%	19年以上	株50%:債券50%	16年以上		
	あり	一括	株70%:債券30%	10年以上	株50%:債券50%	9年以上	株30%:債券70%	8年以上
		積立	株70%:債券30%	19年以上	株50%:債券50%	16年以上	株30%:債券70%	14年以上
60代以上		一括	株50%:債券50%	9年以上	株30%:債券70%	8年以上		
		積立	株50%:債券50%	16年以上	株30%:債券70%	14年以上		

この世代に必要なイベント資金は、子どもの教育資金がない代わりに、例えば海外旅行資金、車の買い替え、介護施設に入る費用、住宅のリフォームなどが考えられます。これまで同様に、これらのイベントの時期が投資期間を決める要素になります。ただし、これまでと大きく違ってくるのは、予定はしていても、無理に実行しなくてもいいイベントも多くなる世代です。**ですから今後のライフイベントをNEEDS（必要）なのか、WANTS（欲望）なのか、WISHES（願望）なのか。必要性に応じて分けてみましょう。**

例えば、今後の生活を考えると住宅のリフォームは必須、といった場合には運用の失敗は許されません。お金が必要な時期まで期間が短いなら、預貯金などの安全性の高い金融商品で運用することも検討しましょう。もしも、10年近く運用期間が取れるなら、③株50％：債券50％あたりの投資商品で一括投資するのもよいでしょう。

一方で、海外旅行は投資で儲かれば行きたいけど、損したら行かなくていい、という程度の願望かもしれません。**願望であれば、予定していた時期に損をしていたら先**

延ばしするか、あきらめてその先も運用を継続することもできるでしょう。それであれば大き目のリスクを取ることもできます。

元本割れ確率はいくら長期に運用してもゼロにはなりません。運用目的によっては元本割れ確率は何%まで許せるか、というラインは違ってくるはずです。例えば、一括投資でも、株100%なら5%を切るのに14〜15年かかりますが、10%まで下がればいいなら9年程度です。**元本割れ確率に対する許容度が高いほど、短い運用期間でも高いリスクを取ることができる**ようになります。

家計と心のリスク許容度

私たちは、若い方だけでなく60代以上の方にも、**将来のライフイベントや必要資金を把握するためにライフプランシートを書いてもらうことがよくあります。**例えば、「○歳の頃にこれをやりたい」「車を購入して2年目、買い替えまであと○年は大丈夫」等を考えるためのツールです。お金は「使うときまでが運用期間」なので、先々起こりそうなイベントについて「いつ」「何のために」「いくら」使うのか予測して記しておくわけです。

ライフプランシートは、当然ながら若い方にも有効なツールです。ただ、若い方には「将来のことはわからないから」と、抵抗感を示す方も少なくはありません。もちろん、人生は予想通りにはなりません。まったく予測のつかぬ方向に向かう場合もあります。私自身も、20代の頃に立てたライフプランと現在はまったく違うものになっています。それでもライフプランシートを作ってよかったと思っています。ある程度の人生の方向性を確認しておくことで、やるべきこともわかりやすくなります。また、変わったことがあれば何が変わったかもわかるので、人生の修正もしやすくなります。

60代以上だと、若い人のように大きく人生が変わることは少なくなってきます。老後生活は今ある資産と、年金などの収入といった**限りあるお金の中でいかに効率的にやりくりするかにかかってきます。**それだけに、海外旅行に行きたいなど、自分のライフプランを立てることで、効率的にプランを実現できるようになりますし、10年以上運用できるお金がどれくらいあるのか、それがどのくらいのペースで目減りしていくかを見極めることができるようにもなります。

では、60代以上の方はどれくらい投資に回してもいいのでしょうか？　それを計算するリスク許容度試算ワークシートが巻末付録P．156にありますので、ぜひ書き込みながら試算してみてください。（60代未満の方もぜひ！）

例えば、今、手元に3000万円あるとします。ここから半年分の生活費として月20万円×6ヵ月＝120万円、もしもの時の資金として取っておく500万円。そして、10年以内にライフイベントで使う予定の700万円と今後10年間に生活費として取り崩していくお金として月2万円×12ヵ月×10年＝240万円をそれぞれ差し引くと、1440万円が残ります。家計から見ると、現在の金融資産のうち1440万円が10年超の期間にわたって運用できるお金ということになります。この金額まであれば家計に問題が起こりにくい、という範囲を示す「家計のリスク許容度」といいます。

ただ、実際には問題は起こります。**長期運用をしていればどこかのタイミングで景気後退局面や経済ショックに巻き込まれます。**大きく相場が下がってしまい夜も眠れない……という経験はしたくないはずです。仮に先の1440万円を全額投資して、その半分の720万円も含み損が出たらどうでしょう。きっと夜も眠れなくなる人は多いはずです。リスクを取りすぎてしまうと、万が一のときには心が耐えられなくなる可能性が高くなります。その状況から逃れようと売却してしまえば、投資はそこで終わりです。もう一度投資をしようと思っても、怖くてなかなか戻れなくなります。そうならないために、**心が耐えられる範囲内で投資をすることも長期投資をするためには大切**なのです。

そこで、投資する人が心理的に耐えられる損失の金額から、実際に投資してもいい金額の上限を割り出すために、リスク許容度試算ワークシート内に「心のリスク許容度」という項目を設けました。例えば、損失は100万円までなら仕方ないか……と納得でき、夜眠れなくならないラインだとしたら、②株70%：債券30%の運用スタイルを選べば、100万円の2倍の200万円までは、投資しても差し支えのない金額というわけです。ちなみに、**心が壊れない損失は割合ではなく金額で計算しましょう。**

このように計算される**家計のリスク許容度と心のリスク許容度のどちらか小さいほうの範囲内での投資を意識**しておけば、家計も心も壊れることはありません。このケースでは家計のリスク許容度は1440万円、心のリスク許容度は200万円ですから、小さいほうの200万円が投資上限の目安となります。

ちなみに、この②株70％：債券30％だと2倍という数値は、P．97図3－1にある最大ドローダウンのマイナス48・7％から導き出されています。200万円投資してすぐに、リーマンショック級の暴落に巻き込まれたとしても100万円程度の損失に抑えることができるというわけです。

世代によって異なる許容度のバランス

ただ、損失の許容額100万円はそのままでも、リスクを下げて③株50％：債券50％の投資商品を選べば、投資金額の上限は上がります。③株50％：債券50％の最大ドローダウンは37・9％でしたから、投資金額の上限は逆に2倍から2・5倍、250万円まで大きくできるわけです。ちなみに①株100％の最大ドローダウンは約66％でしたから、投資金額の上限は損失の許容額の1・5倍です。この場合だと150万円が上限となります。

ご自身の投資で参考とされる場合は、このようにリスクを取るのか、抑えるのか、投資金額をどうするのか、最大ドローダウンからはじき出した倍数を参考に決めてください。また、最初は投資上限額を小さく計算される方は多いはずです。**ただ、心のリスク許容度は資産運用の経験を積み重ねるほど大きくなる**ものです。運用に慣れてくれば、投資上限額を更新していきましょう。

先ほどの家計のリスク許容度の計算では、生活資金や、緊急資金、10年以内に取り崩す予定の資金を合計すると、合計1560万円に達しました。なので、現在の金融資産が1500万円の方であれば、長期運用できるお金がほとんどないことになります。それでも投資をしたいのであれば、**生活資金の取り崩し額を減らしたり、ライフイベントの優先順位を変えたり**して、10年以上運用できる資金をひねり出しましょう。生活に余裕を持つために運用しようとしているのに、生活の余裕を削るのは奇妙な感じがするかもしれません。でも、こうして投資することで10年後の家計には余裕が出ている可能性が高くなるのです。

若い方は、月々の収支が黒字であれば10年以内に取り崩す予定のお金が小さくなりますし、緊急資金は高齢の方よりも少なくても大丈夫です。あとは、ライフイベントが少なければ、手元の金融資産のほとんどを10年以上運用できるかもしれません。一方で、子どもがいるご家庭であればライフイベントが目白押しで、長期運用に回せるお金はどうしても少なくなるでしょう。**若い方はリスクを取ってもいいといわれますが、家計のリスク許容度が小さくてリスクを取りにくい人も多い**ので注意しましょう。

もっとも、手持ちの資金は多くとも失敗すると取り戻すのが難しい60代以上と違い、若い世代には損をしても「何とかなるわ」と思える人も多く、心のリスク許容度は比較的高い傾向があります。**家計の許容度と心の許容度のバランスは、世代によっても違ってきます。**そこが難しいところです。

この章のまとめ

- 資産形成の武器は「元本の大きさ」と「時間の長さ」

- 若ければ元本が少額でも、「時間の長さ」を武器にリスクを取りに行くことも可能

- 年齢を重ねるほど「時間の長さ」という武器を使いづらくなるので、株式の比率を下げてリスクを下げると安心

あとがき

終値で4万円を超える史上最高値を付けた日経平均株価は、その後の歴史的な下落を経て現在も不安定な値動きを見せていますが、依然としてネット上では「オルカン」「S&P500」といった用語が飛び交い、大手書店の店頭には新NISAの関連本・ムックが山積みになっています。

本書もこうした狂騒のさなかに上梓した一冊に過ぎません。しかし、投資には様々な手法や選択肢があります。投資手法は一つではなく、一人ひとり違う、自分にあった方法があることを知っていただきたい、と考えたことが筆をとるきっかけになりました。

これまで、ライフプランニングと資産運用は関連が強いものの、別々に論じられてきた歴史があります。ところが、資産運用は私たちのライフプランの実現を助けてくれる心強い道具です。ライフプランと一緒に考えることができるようにすべきです。それを妨げていたのが「リスク」の存在です。

本書では、このリスクを可視化することで、ライフプランとの融合を試みています。リスクは見えないから怖いのであって、見えさえすれば資産運用を道具として上手に活用できるようになるはずです。本書をきっかけに、そう思っていただけたらうれしいです。

運用アドバイスの現場でよく聞かれる「投資は自己責任」という言葉は、プロが責任逃れしているようにも聞こえる言葉です。投資家としては、儲かることばかり期待させられて、損をしたら「自己責任」と突き放されたら納得はいかないでしょう。もちろん、投資には運の要素もあります。でも、投資する前に結果をある程度予測し投資判断に役立てれば、冷静に判断し自己責任で投資できるようになるはずです。

私たちは一人ひとりライフプランも違いますし、資産運用に対する考え方も違います。今後も投資の将来予測をする技術が発展していけば、家計管理と同じくらい資産運用でもPDCAサイクルを回すことが当たり前になる時代が来るはずです。本書は、資産形成をする局面での予測に絞り執筆しましたが、投資には売却し取り崩す局面もあります。今後はシミュレーターを活用して、取り崩しの局面での議論もしていきたいと思っています。

これまであまり見たことのないデータが多かったかもしれませんが、細かい数字よりも導き出された考え方や結論に注目していただき、本書を大いに役立てていただけるとうれしいです。

藤川　太

付録

投資信託
おすすめリスト

リスク許容度
試算ワークシート

※本書は投資する上で参考になる情報の提供を目的に作成しており、本文中のすべての記述は著者の調査結果に基づいていますが、元本や確実なリターンを保証するものではありません。本書を参考にした投資結果について、著者及び本書の発行元は一切の責任を負いません。

投資信託おすすめリスト

金融庁が定めた条件を満たした新NISA対象商品届出一覧表（運用会社別）から、28本の商品を抽出しました（2024年8月6日現在）。投資信託選びの参考にしてください。

国内株式 ｜ インデックス ｜ つみたて投資枠 成長投資枠

信託報酬 0.132%

楽天

楽天・日経225インデックス・ファンド

配当込み日経平均株価（日経平均トータルリターン・インデックス）に連動する投資成果を目指す。

国内株式 ｜ インデックス ｜ つみたて投資枠 成長投資枠

信託報酬 0.143%

三菱UFJ

eMAXIS Slim国内株式（TOPIX）

東証株価指数（TOPIX）（配当込み）と連動する投資成果を目指す。

国内株式 | アクティブ等 | つみたて投資枠 成長投資枠 | 信託報酬 0.693%

三菱UFJ

日経平均高配当利回り株ファンド

日経平均株価採用銘柄の中から、予想配当利回りの上位30銘柄を選定し、流動性を勘案して銘柄ごとの組入比率を決定。

国内株式 | アクティブ等 | つみたて投資枠 | 信託報酬 1.045%

三井住友DS

大和住銀DC国内株式ファンド

主に国内株式に投資。ファンダメンタル分析で割安な銘柄を見極め、収益性・成長性を勘案したアクティブ運用を目指す。組織運用による銘柄選定、マクロ経済動向及び産業動向等の分析により、業種・規模別配分等を行う。TOPIX(配当込み)をベンチマークとする。

国内株式 | アクティブ等 | 成長投資枠 | 信託報酬 1.76%

One

One国内株オープン

投資対象は国内株式。運用管理費用は比較的高いが、経済環境により機動的に銘柄選別を行うことで、20年以上にわたりTOPIXを上回るパフォーマンスを出し続けている。

世界株式 | インデックス | つみたて投資枠 成長投資枠

信託報酬 0.0561%

楽天

楽天・オールカントリー株式インデックス・ファンド

MSCI オール・カントリー・ワールド・インデックス（円換算ベース）に連動する投資成果を目指す投資信託の中で信託報酬が最も安価。

世界株式 | インデックス | つみたて投資枠 成長投資枠

信託報酬 0.05775%

三菱UFJ

eMAXIS Slim 全世界株式（オール・カントリー）

MSCI オール・カントリー・ワールド・インデックス（配当込み、円換算ベース）に連動する投資成果を目指す。

世界株式 | インデックス | つみたて投資枠 成長投資枠

信託報酬 0.05775%

三菱UFJ

eMAXIS Slim 全世界株式（除く日本）

MSCI オール・カントリー・ワールド・インデックス（除く日本、配当込み、円換算ベース）と連動する投資成果を目指して運用を行う。

世界株式 ｜ インデックス ｜ つみたて投資枠 成長投資枠

信託報酬 0.05775%

三菱UFJ

eMAXIS Slim 全世界株式(3地域均等型)

国内・先進国・新興国の3地域の株式に均等配分投資する。

先進国株式 ｜ インデックス ｜ つみたて投資枠 成長投資枠

信託報酬 0.09889%

ニッセイ

〈購入・換金手数料なし〉 ニッセイ外国株式インデックスファンド

MSCIコクサイ・インデックス(配当込み、円換算ベース)に連動する投資成果を目指す。

先進国株式 ｜ アクティブ等 ｜ 成長投資枠

信託報酬 1.65%

野村

野村世界業種別投資シリーズ (世界半導体株投資)

世界各国の半導体関連企業の株式を中心に、各国・地域のマクロ投資環境見通しを考慮しつつ、技術力、価格決定力、利益構造、財務内容などの観点からファンダメンタルズ分析を行い、組入銘柄を決定する。ベンチマークはMSCI All Country World Semiconductors & Semiconductor Equipment(税引後配当込み・円換算ベース)。

米国株式 | インデックス | つみたて投資枠 成長投資枠

信託報酬 0.077%

楽天

楽天・S&P500インデックス・ファンド

世界で最もメジャーな株価指数で、厳しい基準をクリアした米国企業約500社に分散投資している。運用管理費用も比較的安価。

米国株式 | インデックス | つみたて投資枠 成長投資枠

信託報酬 0.09372%

三菱UFJ

eMAXIS Slim 米国株式(S&P500)

世界で最もメジャーな株価指数で、厳しい基準をクリアした米国企業約500社に分散投資している。運用管理費用も比較的安価。

米国株式 | インデックス | つみたて投資枠 成長投資枠

信託報酬 0.162%

楽天

楽天・全米株式インデックス・ファンド

CRSP USトータル・マーケット・インデックス(円換算ベース)に連動する投資成果を目指す。

米国株式 | アクティブ等 | つみたて投資枠 成長投資枠

信託報酬 0.192%

楽天

楽天・米国高配当株式インデックス・ファンド

FTSEハイディビデンド・イールド・インデックス（円換算ベース）に連動する投資成果を目指す。

米国株式 | アクティブ等 | つみたて投資枠 成長投資枠

信託報酬 0.495%

大和

iFreeNEXT NASDAQ100インデックス

Apple、Microsoft、NVIDIAなど世界経済をけん引するハイテク企業を中心に組み込んでおり、過去の上昇率は各指数の中でもトップクラス。値動きが大きいため、ハイリスクハイリターン志向の方へ。

米国株式 | アクティブ等 | つみたて投資枠 成長投資枠

信託報酬 0.55%

野村

野村インデックスファンド・米国株式配当貴族

S&P500の構成銘柄のうち「25年以上連続して増配」「時価総額30億米ドル以上」「1日の平均売買代金が500万米ドル以上」の条件を満たした銘柄のみで構成された指数「S&P500配当貴族指数」（配当込み、円換算ベース）の動きに連動することが目標。

米国株式 | アクティブ等 | つみたて投資枠 成長投資枠

信託報酬 0.7755%

大和

iFreeNEXT FANG+インデックス

NYSE FANG＋（ナイセ ファングプラス）は、Facebook、Amazon、Netflix、Googleの4社を含む、米国企業10銘柄で構成された株価指数。

米国株式 | アクティブ等 | 成長投資枠

信託報酬 1.727%

アライアンス・バーンスタイン

アライアンス・バーンスタイン・米国成長株投信Bコース（為替ヘッジなし）

成長の可能性が高いと判断される米国株式に投資する。企業のファンダメンタルズ分析と株価バリュエーションに基づく銘柄選択を基本としたアクティブ運用を行う。ベンチマークは、S&P500株価指数（配当金込み、円ベース）。

新興国株式 | インデックス | つみたて投資枠 成長投資枠

信託報酬 0.1518%

三菱UFJ

eMAXIS Slim 新興国株式インデックス

MSCI エマージング・マーケット・インデックスに採用されている中国・インド・台湾・韓国など24か国の新興国の株式等に投資。

バランス70 | インデックス | つみたて投資枠 成長投資枠

信託報酬 0.143%

三菱UFJ

eMAXIS Slim バランス(8資産均等型)

国内・先進国・新興国の株式・債券及び国内外のREIT(不動産投資信託)の幅広い8資産にこれ1本で分散投資できるのが魅力。運用管理費用も比較的安価。

バランス50 | インデックス | つみたて投資枠 成長投資枠

信託報酬 0.154%

ニッセイ

〈購入・換金手数料なし〉ニッセイ・インデックスバランスファンド(4資産均等型)

株式・債券に50%ずつ配分し、国内・国外も50%ずつ配分しており、公的年金の運用とほぼ同じ資産配分なのが特徴。リスクとリターンのバランスを重視したい場合におすすめ。運用管理費用も比較的安価。

バランス30 | インデックス | つみたて投資枠 成長投資枠

信託報酬 0.154%

ニッセイ

DCニッセイワールドセレクトファンド(債券重視型)

株式30%・債券約70%と債券を多めに配分することでリスクを軽減している。過度な値動きを避け、大きなリターンよりも安定運用を目指したい場合におすすめ。運用管理費用も比較的安価。

バランス50 | アクティブ等 | つみたて投資枠 成長投資枠

信託報酬 0.55%

三井住友トラスト

世界経済インデックスファンド

国内・先進国・新興国の株式・公社債分散投資。株式・債券の配分比率は原則株式50%・債券50%。地域別のGDP（国内総生産）を参考に配分比率を決定しているのが特徴。

バランス50 | アクティブ等 | つみたて投資枠 成長投資枠

信託報酬 0.58%

セゾン

セゾン・グローバルバランスファンド

株式・債券に50%ずつ配分し、リスクとリターンのバランスが重視されている。4資産均等型と違い、地域別の配分については市場規模の変動に応じて変化するのが特徴。

バランス70 | インデックス | つみたて投資枠 成長投資枠

信託報酬 0.6378%

ブラックロック

ブラックロック・つみたて・グローバルバランスファンド

国内債券（基本投資割合6.0%）、国内株式（同23.0%）、先進国債券（同23.0%）、先進国株式（同31.0%）、新興国株式（同8.0%）、先進国REIT（同9.0%）の6つの資産に投資する。

バランスその他 ｜ アクティブ等 ｜ 成長投資枠

信託報酬 1.7875%

ピクテ

ピクテ・ゴールデン・リスクプレミアム・ファンド

世界の株式・債券の他に金やREITなど様々な資産・地域に分散投資。市場環境に応じてリスクプレミアム（リスクを引き受けることによって上乗せされる利益）が期待できる資産を選定し、配分比率を決定する。為替の部分ヘッジを行う。

その他資産 ｜ インデックス ｜ 成長投資枠

信託報酬 0.5085%

ブラックロック

iシェアーズ ゴールドインデックス・ファンド（為替ヘッジなし）

金は世界中で普遍的な価値が認められている実物資産で、有事・不景気・インフレなどに比較的強い傾向。単独投資よりは分散投資の一環として。

リスク許容度試算ワークシート

STEP 1　運用スタイルを選ぶ

	運用スタイル	一括投資の場合、元本割れリスクが5%以下になるための運用期間(X年)
①	外国株100%	14
②	株70%:債券30%	10
③	株50%:債券50%	9
④	株30%:債券70%	8

STEP 2　家計のリスク許容度を試算

	現在の金融資産合計	万円
−	半年分の生活費	万円
−	もしもの時の資金	万円
−	X年以内で使う予定のお金	万円
＝	X年超運用できるお金	万円

▶▶ A 家計のリスク許容度

STEP 3　心のリスク許容度を試算

損をしても、許せる金額

＝

万円 ×

運用スタイル	係数
① …	1.5
② …	2
③ …	2.5
④ …	3.5

＝ 万円

▼▼ B 心のリスク許容度

AとBのどちらか小さい金額があなたのリスク許容度

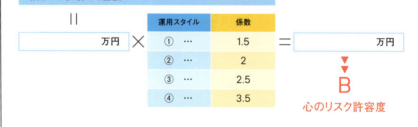

リスク許容度試算ワークシート

あなたが「どのやり方で」「いくらぐらい」投資してもよいか、を家計と心理の2つの面を見て計算するためのシートです。

STEP1　運用スタイルを選ぶ

①外国株100%、②株70%：債券30%、③株50%：債券50%、④株30%：債券70%という4種類から、運用スタイルを選んでください。運用スタイルの右側にある数字は、それぞれの運用スタイルにおいて一括投資した場合、元本割れリスクが5%以下になるための運用期間（X年）を示しています。

STEP2　家計のリスク許容度を試算する

「現在の金融資産合計」と今後の「半年分の生活費」、「もしものときの資金」を記入します（例：金融資産合計3000万円、半年分の生活費180万円〈30万円×6ヵ月〉、もしものときの資金500万円）。

さらに、「X年以内で使う予定のお金」を記入します（例：700万円）。X年というのは、STEP1で示された、元本割れリスクが5%以下になるための運用期間年数のことです。

現在の金融資産合計額から、「半年分の生活費」「もしものときの資金」「X年以内で使う予定のお金」を引きます（例：3000万円－180万円－500万円－700万円＝1620万円）。

この例でいうと、1620万円が、「X年超運用できる（運用に回しても問題ない）お金」、つまり「家計のリスク許容度」となります。

STEP3　心のリスク許容度を試算する

まず、左端の空欄に、〝損をしても、まあ許せる金額〟を記入します（例：100万円と仮定します）。その金額に、STEP1で選んだ運用スタイルの係数を掛け算します（例：②株70%：債券30%の場合は、係数は2なので、100万円×2＝200万円）。この例でいうと、算出された200万円が、「投資に回しても心が壊れない金額」＝あなたの「心のリスク許容度」となります。

「家計のリスク許容度」と「心のリスク許容度」を比較して金額の小さいほうが、あなたのリスク許容度です(例:家計のリスク許容度1620万円>心のリスク許容度200万円)。

よって、この例でいうとあなたのリスク許容度は200万円と算出されます。

ここで計算されるリスク許容度を超えて投資をした場合、相場の悪化により、家計もしくは心が壊れる可能性が高いので注意しましょう。

藤川 太（ふじかわ ふとし）
生活デザイン株式会社代表取締役。家計の見直し相談センター代表。ファイナンシャルプランナー CFP 認定者。慶應義塾大学大学院理工学研究科修了後、自動車会社にて燃料電池自動車の研究開発に従事。1998年にファイナンシャル・プランナーとして独立。家計の個人相談の普及を目指し、2001年に「家計の見直し相談センター」を設立。著書に『やっぱりサラリーマンは2度破産する』(朝日新聞出版)、『年収が上がらなくてもお金が増える生き方』(プレジデント社)、『1億円貯める人のお金の習慣』(PHP研究所) ほか多数。

「新NISAバブル」に気をつけろ!

「元本割れ確率」を小さくする投資法を紹介

2024年10月17日　第1刷発行

著　者　藤川 太
発行者　鈴木勝彦
発行所　株式会社プレジデント社
〒102-8641　東京都千代田区平河町2-16-1　平河町森タワー13階
https://www.president.co.jp/
https://presidentstore.jp/
電話：編集 (03) 3237-3732　販売 (03) 3237-3731

販　売　桂木栄一　高橋徹　川井田美景　森田巌　末吉秀樹　庄司俊昭　大井重義
編　集　桂木栄一　菊田麻矢
編集協力　西川修一
装　丁　三森健太 (JUNGLE)
図版デザイン　大橋昭一
イラスト　冨永晋平
制　作　佐藤隆司 (TOPPAN)
印刷・製本　TOPPANクロレ株式会社

　ISBN978-4-8334-2548-3